Escoja y seleccione:
Ideas dinámicas para el ministerio con los niños

Editorial Acción
Un departamento de la editorial "Group Publishing" Loveland, Colorado EE.UU

Escoja y seleccione: Ideas dinámicas para el ministerio con los niños
© 1996, Editorial Acción, Box 481, Loveland, CO 80539, USA.

Título del original en inglés: *Pick and Choose: Program Ideas for Children's Ministry,* © 1994 por Group Publishing, Inc., Loveland, Colorado, EE. UU.

Editor general: Esteban Saavedra
Traducción: Aradí Rivera.
Diseño de la portada: Randall Miller Design
Diseño interno: Miguel A. Mesías E. y Helen Lannis
Tipografía: Miguel A. Mesías E.

Las citas bíblicas son tomadas de *Dios Habla Hoy*, la Biblia en versión popular, © 1966, 1970, 1979, 1983 Sociedades Bíblicas Unidas, Usadas con permiso, o de *La Santa Biblia*, Versión Reina-Valera, Revisión de 1960, © 1960 Sociedades Bíblicas en América Latina. Usadas con permiso.

ISBN 1-55945-689-2
Número de tarjeta de catálogo en la Biblioteca del Congreso de los EE. UU: 96-83137

Impreso en EE. UU.
Printed in The United States of America.

Índice

Historias **41**

Ideas para ocasiones especiales **59**

Sugerencias

Al seleccionar una actividad o proyecto en particular para su grupo, podría darse el caso de que en su localidad no sea fácil conseguir (o sean muy costosos) los materiales que se sugieren. En ese caso, sustitúyalos con objetos o artículos que tenga a su alcance o pueda conseguir.

Por ejemplo, si no le es posible conseguir cinta adhesiva de pintor para trazar una línea recta en el piso, sencillamente use una cuerda estirada y sujeta en los extremos con dos objetos pesados. Si no puede conseguir papel para carteles, use pliegos grandes de papel periódico, papel de empaque, o sino las páginas de los anuncios clasificados de los periódicos, escribiendo en ellas con marcadores de punta gruesa. En algunas actividades, en lugar de marcadores puede usar colores de cera, o lápices de colores; o en lugar de tarjetas de archivador puede usar hojas de papel recortado.

Use su imaginación e iniciativa para realizar las adaptaciones del caso, y usar materiales y artículos que el Señor ha puesto a su alcance en su situación en particular.

Ideas para la adoración dinámica

1

Título: **El gran libro de gracias**
Mejor para: **Segundo y tercer grados**
Tema: **Ser agradecidos**

Pasaje bíblico: **1 Crónicas 16:8-9**

Materiales: Papel para carteles o papel periódico, un marcador, o pizarrón y tiza, cartulina, lápices de colores, papel, grapadora, y una Biblia.

En la parte superior del pizarrón o del papel escriba: "Gracias Jesús, por . . . ." A la izquierda anote el nombre de cada niño presente.

Dirija a los niños a cantar un canto familiar de alabanza. Después lea sucesivamente los nombres de los niños, y pida que cada uno diga algo por lo cual está agradecido a Dios. Escriba la respuesta de cada niño al lado de cada nombre.

Después déle a cada niño papel y lápices de colores. Pídales que hagan un dibujo que represente aquello por lo cual están agradecidos. Escriba el nombre del niño sobre su trabajo. Luego engrápelos todos juntos por el borde, para formar un libro. Hágale una cubierta con la cartulina, y póngale como título: *El gran libro de gracias.*

Concluya la actividad leyendo 1 Crónicas 16:8-9 y elevando una oración agradeciendo a Dios por cada niño presente. Deje el libro en la clase para que los niños lo puedan hojear de vez en cuando.

2

Título: **Desfile de velas**
Mejor para: **Jardín de infantes a sexto grado**
Tema: **La luz del mundo**

Pasaje bíblico: **Juan 1:1-14**

Materiales: Una Biblia, velas, cartulina y fósforos (cerillas).

De antemano prepare "candeleros" con la cartulina. Recorte cuadrados o círculos de como 10 cm de lado o diámetro. Hágale dos pequeños cortes en cruz en el centro, y pase la vela por esas incisiones. Así evitará que los niños pudieran quemarse accidentalmente con la cera derretida.

Déle a cada niño una vela y un candelero.

Durante el culto de adoración reúna a los niños en la parte posterior de la iglesia, y encienda las velas. Indíqueles que deben entrar en silencio con sus velas encendidas, mientras que alguien lee Juan 1:1-14. Pídales que se coloquen esparcidos por los pasillos del santuario hasta que se termina la lectura. Después deben salir en silencio.

Título: **Celebración de la nueva vida**
Mejor para: **Primero a sexto grado**
Tema: **Año Nuevo**

Pasaje bíblico: **2 Corintios 5:17**

Materiales: Una Biblia, banderines, sombreritos de fiesta, matracas y pitos, serpentinas de colores, un casete de música y una grabadora o piano y alguien que lo toque.

Pregunte: **¿A cuántos de ustedes les gustan los desfiles? Los desfiles son una oportunidad para festejar a una persona o algún día especial. El día de Año Nuevo celebramos la llegada de un nuevo año, y la oportunidad de un comienzo nuevo y fresco en nuestras vidas.**

Jesús nos dice en su Palabra que Él nos ofrece nueva vida. Lea el pasaje bíblico señalado. Diga: **¡Esto es algo para celebrar! Vamos a tener un desfile de celebración para celebrar la nueva vida que tenemos en Jesús.**

Pida que los niños usen los banderines, que se pongan los sombreritos, y que lancen las serpentinas mientras desfilan alrededor del salón. Anímelos a alabar a Jesús con frases tales como: ¡Viva Jesús!, o ¡Jesús, qué grande eres! Toque la música en la grabadora o pida que el pianista toque una marcha cristiana. Después del desfile reúna a los niños nuevamente a su lado.

Pregunte: **¿Cómo recibimos esta nueva vida en Jesús? ¿Cómo podemos contarles a otros acerca de esta nueva vida durante este nuevo año?**

Oremos: Gracias, Jesús, por amarnos lo suficiente como para darnos nueva vida en ti. Ayúdanos a contarles a nuestros amigos estas buenas nuevas. Amén.

Título: **Alabanza de papel crepé**
Mejor para: **Preescolares**
Tema: **Alabanza**

Pasaje bíblico: **2 Samuel 6:14**

Materiales: Tiras de papel crepé (puede usar tiras largas de papel corriente) de diferentes colores, equipo estereofónico y música cristiana.

Así como 2 Samuel 6:14 dice que David "bailaba con todas sus fuerzas," dirija a los niños a alabar a Dios danzando al ritmo de un himno u otra música cristiana.

Déle a cada niño una tira de papel crepé de aproximadamente un metro de largo y 10 centímetros de ancho.

Indíqueles que sostengan la tira de papel con sus dos manos por encima de sus cabezas, y que se muevan al ritmo de un canto tal como "Jubilosos te adoramos." Luego pídales que formen un círculo y que se tomen de la mano, mientras sostienen sus tiras de papel con la mano derecha, haciendo otros movimientos, como por ejemplo, hacer dar vueltas a la tira, levantar sus brazos y doblarse por las rodillas y levantarse de nuevo.

Título: **Siguiendo al líder**
Mejor para: **Preescolares**
Tema: **Amistad**

Pasaje bíblico: **Proverbios 17:17a**

Materiales: Una Biblia, un casete con música sobre la amistad y una grabadora.

Lea Proverbios 17:17a en voz alta: "Un amigo es siempre afectuoso." Pida que los niños piensen en sus amigos favoritos y la alegría que sienten cuando están con ellos.

Mientras se toca la canción sobre la amistad forme un círculo y dirija a los niños para que hagan los siguientes movimientos al ritmo de la música:

• Dar palmadas.
• Tocarse las rodillas.
• Tocar los hombros de los compañeros que tienen a su lado.
• Tocar sus propios hombros.
• Darle la mano a sus compañeros.

- Sujetar las manos de un compañero y darse una vuelta.
- Poner las manos sobre los hombros de los compañeros. Dar tres pasos hacia adentro del círculo para darse un abrazo gigante en conjunto, y decir juntos: "¡Gracias por nuestros amigos!"

Título: **Para siempre**
Mejor para: **Jardín de infantes a segundo grado**
Tema: **El amor de Dios**
Pasaje bíblico: **1 Corintios 13:1-7**
Materiales: Una Biblia y unos pocos objetos redondos, tales como un anillo, un círculo de papel o la tapa de un envase.

Pida que los niños formen un círculo y se tomen de las manos.

Diga: **Un círculo no tiene comienzo ni final. De igual manera, el amor de Dios es algo que no tiene comienzo ni final.**

Lea 1 Corintios 13:1-7 en voz alta, en la Versión Popular (Dios Habla Hoy). Luego lea de nuevo el pasaje sustituyendo la palabra "amor" con la palabra "Dios."

Concluya dirigiendo a los niños a repetir esta oración: **Querido Dios: Tú nos amas con un amor que es como un círculo, que no tiene comienzo ni tiene final, y es un amor que dura para siempre. Gracias por tu amor tan especial. En el nombre de Jesús. Amén.**

Título: **Un amigo cerca**
Mejor para: **Toda edad**
Tema: **Amigos**
Pasaje bíblico: **Proverbios 27:10**
Materiales: Una Biblia.

Puede usar este devocional como el sermón para niños durante el culto regular de adoración en su iglesia. Reúna a los niños al frente del santuario o junto a la plataforma.

Diga: **Vamos a practicar cómo contar. Usen los dedos de sus manos para contar hasta quince. Solo pueden usar sus dedos una vez, pero pueden usar los dedos de otras personas para los números adicionales. Es decir, deberán pedir la ayuda de un compañero.**

Dé un minuto para que cuenten. Luego pregunte: **¿A quién le pidieron ayuda? ¿Por qué le pidieron ayuda a algunas personas que** estaba cerca? ¿Qué harían si estuviera en la escuela y necesitaran ayuda pero no tuvieran cerca a nadie de su familia?

Lea el pasaje bíblico señalado y luego diga: **La Biblia dice que es importante hacernos amigos con las personas que nos rodean, para que nos puedan ayudar cuando nuestros familiares no están cerca.**

Vamos a tomarnos de las manos con un amigo y regresar juntos a nuestros asientos.

8 *Título:* **¡Dios te ama!**
Mejor para: **Jardín de infantes a tercer grado**
Tema: **Navidad**

Pasaje bíblico: **Lucas 2:10-11**

Materiales: Una Biblia, una máscara y un bate de béisbol u otro palo grande.

Para esto necesitará dos voluntarios. Pida que uno se ponga la máscara y tome el bate en sus manos. Indíquele que debe decir cosas tales como: "¡Si pecas, ya verás lo que te haré! ¡Te vi sonreír; en la iglesia no se debe sonreír! Yo soy Dios, y no me gustan las sonrisas. ¡Estoy aquí para castigarte si te portas mal!"

Al otro voluntario pídale que sonría y diga cosas tales como: "Te quiero mucho y vine a la tierra como hombre para poder ser tu amigo. Morí para perdonarte todas las cosas malas que pudieras hacer. Quiero tomarte en mis brazos y protegerte."

Diga: **Vamos a averiguar qué piensan ustedes acerca de cómo es Dios.** Pida que los dos voluntarios pasen al frente y digan sus frases, uno a la vez.

Pregunte: **Si Dios fuera como estas personas, ¿a cuál quisieran seguir? Colóquense al lado del que quisieran seguir.** Luego pregunte: **¿Por qué escogieron a esa persona? ¿Cómo actúa Dios en realidad? ¿Es Dios una horrible persona que quiere castigarnos? ¿Por qué sí? ¿Por qué no?**

En la época de navidad recordamos que Dios es un Padre que nos quiere mucho, y que nunca quiere hacernos daño. Él es nuestro amigo, y vino como el Niño Jesús para decirnos que no debemos tenerle miedo. Pida que los niños se sienten.

Lea el pasaje bíblico y diga: **Dios nos ama. Durante esta época de navidad recordemos las buenas nuevas de Dios sobre las cuales habló el ángel. ¡Dios nos ama!**

9

Título: **El regalo que Dios nos da**
Mejor para: **Jardín de infantes a tercer grado**
Tema: **Vida eterna**
Pasaje bíblico: **Romanos 6:23**
Materiales: Cartulina, marcador, una Biblia, regalos de poco costo como por ejemplo figuritas engomadas, lápices o dulces (caramelos).

De antemano prepare dos letreros; uno que diga: "¡Gratis!" y otro que diga "50 centavos." Coloque los letreros a lados opuestos de una mesa, y frente a cada uno coloque regalos suficientes para todos los niños.

Pregunte: **¿A quién le gustan los regalos? ¿Qué es lo mejor de un regalo? Los regalos de este lado de la mesa cuestan 50 centavos. Los del otro lado son gratis. Colóquense del lado que prefieran, formando una fila.** Pídales que tomen un regalo cada uno y que luego tomen asiento.

Pregunte: **¿Por qué escogieron el regalo que tienen en la mano? ¿Es un regalo realmente un regalo si hay que pagar para recibirlo? ¿Por qué si o por qué no?**

Lea el pasaje bíblico. Luego diga: **¡Dios nos da gratuitamente la vida eterna! Es un regalo. No hay nada que podamos hacer para merecerlo. Dios quiere que demos a otros ese regalo de amor. Vamos a tomar otro regalo de la mesa y se lo llevaremos a un amigo, en casa o en la escuela. Al darle el regalo al amigo háblale de Jesús, quien es el regalo del amor de Dios para todos nosotros.**

10

Título: **La buena tierra de Dios**
Mejor para: **Preescolares a Jardín de infantes**
Tema: **La creación**
Pasaje bíblico: **Génesis 1:11-12**
Materiales: Una Biblia.

Lleve a los niños afuera para una caminata siguiendo al líder (En algunos países a este juego le llaman "el primo"). El objetivo de la caminata es alabar a Dios por la creación. Indíqueles que mientras caminan deben contar cuántos pájaros ven volar. También deben mirar alrededor y escoger algo de la naturaleza que puedan tocar, tal como el tronco de un árbol, la hierba o las flores. Deben oler lo que escojan.

Camine un poco más y pídales que se detengan. Indíqueles que deben cerrar los ojos y escuchar los sonidos de la naturaleza; luego deben tratar de imitar los sonidos que han escuchado.

Forme un círculo y lea en voz alta Génesis 1:11-12. Ore diciendo: **Gracias Dios por este bello mundo que nos has dado. Amén.**

11

Título: **Cena especial**
Mejor para: **Tercero a sexto grado**
Tema: **La Cena del Señor**
Pasaje bíblico: **1 Corintios 11:23-26**
Materiales: Un caja vacía o bolsa de sorpresa infantil de las que entregan en algunos restaurantes, pan cortado en pedacitos, jugo o refresco, vasos pequeños desechables, un juguete pequeño, y una Biblia.

Ponga dentro de la caja o de la bolsa de sorpresa infantil suficiente pan como para todos sus niños, una botella de jugo o refresco y el juguete.

Muestre la caja o bolsa y sorpresa y pregunte: **¿Quién sabe qué es esto? ¿Cuántos de ustedes han recibido una bolsa o caja de sorpresa infantil en un restaurante? Se llama una bolsa de sorpresa porque generalmente viene con algo especial.** Enseñe el juguete a los niños.

Pregunte: **¿Sabían que nuestra iglesia tiene también una cena especial? ¡Sí! Yo tengo una Cena especial conmigo. ¿Qué piensan que es?** Permita que los niños respondan, y luego muestre el pan y el jugo o refresco. Diga: **La Cena especial de nuestra iglesia se llama la Santa Cena o Cena del Señor. Nos sentimos muy alegres cuando la celebramos, porque nos recuerda la vida y muerte de Jesús. Fue Él mismo quien nos dijo que la celebráramos para recordarlo siempre; así que por eso quiero que todos participemos en nuestra cena especial hoy.** Distribuya el pan y el jugo o refresco, y explique que el pan simboliza el cuerpo de Jesús y el jugo simboliza la sangre de Jesús.

Lea el pasaje bíblico y diga: **Oremos. Gracias Dios por la muerte de Jesús y por su resurrección. Gracias también por la Cena del Señor, que nos sirve para recordar lo que Jesús hizo por nosotros. Amén.**

12

Título: **¡Ha resucitado!**
Mejor para: **Jardín de infantes a sexto grado**
Tema: **Resurrección**
Pasaje bíblico: **Lucas 24:1-12**
Materiales: Una Biblia.

Reúna los niños en la parte de atrás del salón y diga: **¡Tengo un mensaje muy especial para ustedes! Lo voy a decir al oído de una persona, y luego esa persona lo dirá al oído de la siguiente. Cada uno debe decirle el mensaje a cinco personas. Luego nos reuniremos al frente del salón.** Susurre: "Jesús ha resucitado" al oído de algunos de los niños. Asegúrese que cada niño haya escuchado el mensaje y que lo diga a otros, inclusive a los adultos si esta actividad se realiza durante el culto de adoración.

Cuando todos hayan pasado nuevamente al frente del salón pida que los niños se sienten en el suelo a su alrededor. Pregunte: **¿Qué pensaron cuando escucharon este mensaje? ¿Cómo se sintieron al decirle a otros las buenas nuevas?**

Lea el pasaje bíblico. Luego pregunte: **¿Cómo piensan que se sintieron las mujeres cuando fueron a la tumba y Jesús no estaba allí? ¿Qué piensan que se dijeron unas a otras cuando descubrieron que Él estaba vivo? ¿Cómo se hubieran sentido ustedes si hubieran estado allí?**

Diga: **Durante esta semana santa recordemos esparcir las buenas nuevas entre nuestros familiares y amigos. ¡Jesús ha resucitado!**

Oremos: Jesús, gracias por morir por nosotros. Celebramos tu vida. Ayúdanos a contarles las buenas nuevas a nuestros familiares y amigos. Amén.

13

Título: **Tareas escolares**
Mejor para: **Primero a tercer grados**
Tema: **La escuela**
Pasaje bíblico: **Proverbios 1:5**
Materiales: Una Biblia.

Puede usar este devocional como sermón para los niños durante el culto regular de la iglesia.

Diga: **Tengo una tarea para ustedes hoy. Quiero que averigüen lo que se necesita para ser un buen estudiante en la escuela. Los miembros de la congregación van a ser sus maestros.**

Cuando les dé la señal pregunten a alguien en la congregación lo siguiente:

- **¿Qué es lo que más le gustaba de la escuela?**
- **Cuál es el secreto para ser un buen estudiante?**

Después de haber hecho las preguntas y recibido las respuestas, regresen a sus lugares.

Una vez que los niños regresen pídales que digan lo que aprendieron. Pregunte: **¿Tuvieron que trabajar mucho para hacer esta tarea? ¿Por qué sí, o por qué no? ¿Es difícil hacer las tareas escolares? De lo que han oído hoy, ¿qué cosa podrían hacer para ser mejores estudiantes?**

Veamos lo que Dios dice respecto a cómo podemos aprender y ser más inteligentes.

Lea el pasaje bíblico. Luego diga: **Dios quiere que seamos buenos estudiantes.**

Oremos: Dios, gracias por darnos escuelas y maestros para que podamos aprender y desarrollar nuestra inteligencia. Amén.

14

Título: **Yo puedo ayudar**
Mejor para: **Primero a sexto grado**
Tema: **Cómo ayudar**

Pasaje bíblico: **Marcos 2:1-5**

Materiales: Una Biblia y varios objetos o juguetes, tales como pelotas o animalitos de peluche (felpa).

Forme dos grupos. Diga: **Los que están en el primer grupo deben sentarse y cubrirse los ojos con las manos. Luego deben ponerse de pie y caminar hasta la parte de atrás del salón y regresar, sin quitarse las manos de los ojos. Los que están en el segundo grupo deben ayudar a los del primer grupo.** Deje que los niños del segundo grupo ayuden a los del primer grupo a completar la tarea. Luego pida que todos regresen a sus asientos.

Coloque los objetos en el suelo. Pida que los niños del segundo grupo levanten un objeto del suelo, pero deben hacerlo sin usar sus manos. Después de un minuto, pida que los niños del primer grupo ayuden a los del segundo grupo.

Lea el pasaje bíblico y pregunte: **¿Cómo se sintieron cuando tuvieron que caminar con los ojos cerrados? ¿Y cuando tuvieron que recoger el objeto sin usar las manos? ¿Cómo piensan que se compara eso que sintieron a lo que habrá sentido el paralítico? ¿Cómo se sintieron cuando alguien les ayudó? ¿Y cuándo ayudaron a otra persona? ¿Cómo podrían ayudar a algún amigo o familiar esta semana? Oremos: Jesús, ayúdanos a ser buenos ayudantes esta semana. Amén.**

15

Título: **Jesús es nuestra luz**
Mejor para: **Tercero y cuarto grados**
Tema: **Jesús**

Pasaje bíblico: **Juan 8:12**

Materiales: Linterna de mano, varios objetos que sirvan como obstáculos, una Biblia.

Prepare un sendero sencillo de obstáculos en el salón. Apague la luz. Reúna a los niños fuera del salón. Forme grupos de cuatro niños. Luego lleve a cada grupo, por turno, a la puerta del salón, déles la literna de mano, y indíqueles que deben recorrer el sendero, en fila india, y luego volver a salir. Ningún grupo debe observar a otro grupo mientras recorre el sendero.

Reúna después a todos los niños y ore: **Jesús: así como la linterna nos ayudó a recorrer el sendero, muéstranos el camino por donde debemos andar en nuestra vida. Gracias por mostrarnos siempre el camino. Amén.**

Lea Juan 8:12 en voz alta. Si lo desea dirija a los niños a cantar un canto conocido que hable de la Jesús como la luz del mundo.

Concluya con oración: **Jesús, gracias por ser la luz en nuestras vidas. Amén.**

16

Título: **El poder de Jesús**
Mejor para: **Toda edad**
Tema: **El día de las brujas (en los países en donde se observa)**

Pasaje bíblico: **Juan 18:1-6**
Materiales: Una Biblia.

Puede usar este devocional como el sermón para niños durante el culto regular de la iglesia.

Pregunte: **¿Cuántos de ustedes se asustan en el día de las brujas? En algunas partes el día de las brujas puede ser una celebración desagradable, debido a que muchas personas se ponen disfraces de aspecto horrible. Se visten como brujas, monstruos y vampiros. El diablo quiere hacernos tener miedo.**

Pero Jesús quiere que siempre recordemos que Él es más poderoso que sus enemigos. Él es más poderoso que cualquier personaje diabólico. Aun el aliento de Jesús es poderoso. Leamos un pasaje bíblico que nos dice lo fuerte que es Jesús.

Lea el pasaje bíblico. Luego diga: **Pidamos ahora a la congregación que nos ayude a practicar lo que dice esta porción bíblica.** Pida que la congregación se ponga de pie y que cada vez que los niños digan: "¡Yo soy!," tomen asiento. Hágalo cuatro veces.

Después pregunte a los niños: **¿Cómo se sintieron al notar que sus palabras podían hacer que las personas tomen asiento? ¿Qué se siente al saber que Jesús es más fuerte que cualquier otro? ¿Cómo pueden ustedes confiar en el poder de Jesús cuando se sienten con miedo?**

Oremos: **Gracias, Jesús, por ser tan poderoso. Gracias por vencer a todos nuestros enemigos.**

17

Título: **Saltando y alabando**
Mejor para: **Quinto y sexto grados**
Tema: **Alabanza**

Pasajes bíblicos: **Salmo 8:1; 18:2-3; y 66:3-4**
Materiales: Una Biblia, papel, lápices y cuerdas para saltar.

Forme grupos de no más de cuatro niños. Déle a cada grupo una Biblia, una hoja de papel y un lápiz. Asigne a cada grupo uno de los siguientes pasajes bíblicos: Salmo 8:1; Salmo 18:2-3 o Salmo 66:3-4.

Cada grupo debe usar el pasaje que le ha tocado, y preparar con él un verso o ronda para usarlo al saltar con la cuerda. Lea este ejemplo a modo de ejemplo: **El Señor es bueno, y su bondad es grande. Su grandeza se ve en el mundo entero.**

Después de que los niños hayan preparado sus estrofas o ritmos, diga: **Ahora vamos a alabar al Señor de una manera distinta. Lo haremos mientras saltamos a la cuerda.** Déle a cada grupo una cuerda y pida que los niños salten mientras repiten los estribillos que han preparado.

Concluya pidiendo que los niños se arrodillen en un círculo, mientras cada grupo dice su verso como oración para concluir. Después de que cada grupo haya intervenido, diga: **En el nombre de Jesús. Amén.**

18

Título: **Sentimientos heridos**
Mejor para: **Jardín de infantes a segundo grado**
Tema: **El enojo**
Pasaje bíblico: **Efesios 4:26**
Materiales: Un globo inflado para cada niño y una Biblia.

Diga: **Levanten su mano si alguna vez se han enojado. ¿Pueden mostrarme una cara de enojo? Voy a darles un globo a cada uno para que puedan sentarse sobre él y reventarlo. Traten de poner una cara de enojo al reventar su globo.**

Después de que los niños hayan reventado sus globos, pregunte: **¿Cómo se sintieron cuando reventaron sus globos? ¿Qué quedó del globo?**

Lea el pasaje bíblico.

Diga: **Si nos vamos a la cama de noche enojados como para reventar, seguramente a la mañana siguiente todavía nos quedará un poco del enojo. Tal vez sigamos enojados contra nuestros amigos o tal vez nos sintamos mal. Dios no quiere que nos vayamos a la cama enojados. Dios quiere que le pidamos perdón a cualquier persona a la que hayamos lastimado. Dios también quiere que perdonemos a cualquier persona que nos haya hecho enojar. ¡Eso nos hará sentir mejor a todos!**

Oremos: Dios, ayúdanos a perdonar a los amigos que nos lastiman, y a pedir a nuestros amigos que nos perdonen también. Amén.

19

Título: **Deja que tu luz brille**
Mejor para: **Toda edad**
Tema: **Manteniéndonos cerca a Dios**

Pasaje bíblico: **Mateo 5:16**

Materiales: Un cuarto oscuro, una Biblia, una lámpara y para cada tres o cuatro niños un objeto que brille en la oscuridad.

Encienda la lámpara y lea el pasaje bíblico. **Diga: Dios nos ha llamado a cada uno de nosotros para que seamos una luz para Él, una luz que brille resplandeciente para que el mundo vea el amor de Dios en nosotros. Pero a veces pecamos y hacemos cosas desagradables y nuestra luz no brilla. Así que necesitamos ayuda para que nuestra luz brille.** Distribuya los objetos que brillan en la oscuridad.

Pregunte: **¿Cómo se puede hacer que estos objetos brillen en la oscuridad?** Después de que los niños contesten, indíqueles que acerquen sus objetos a la lámpara. Después apague la luz.

Diga: **Para que estos objetos puedan brillar tienen que estar cerca de una luz. Lo mismo sucede con nosotros los cristianos. Tenemos que estar cerca de la fuente de nuestra luz: Dios. ¿Cómo podemos acercarnos a Dios esta semana?** Permita que los niños respondan.

Oremos: Dios, ayúdanos a hacer las cosas que hemos dicho hoy que haremos para acercarnos a ti. Ayúdanos a brillar con tu luz para que el mundo pueda verte por medio nuestro. Amén.

20

Título: **Una luz en la oscuridad**
Mejor para: **Toda edad**
Tema: **Navidad**

Pasaje bíblico: **Juan 1:1-5**

Materiales: Una linterna de mano y una Biblia.

Puede usar este devocional como el sermón para niños durante el culto regular de la iglesia.

En secreto déle una linterna de mano a un adulto. Pida que los demás adultos se formen en grupos de diez o menos personas. Indique a los niños que no deben correr durante esta actividad.

Diga: **Antes de que Jesús naciera la gente estaba en la oscuridad.** Pida que alguien apague las luces. **Pero cuando Jesús nació, una luz brilló en la oscuridad para ofrecer esperanza a la gente y enseñarles acerca de Dios.**

Vamos a imaginarnos que estamos en los tiempos antes que viniera Jesús. Veamos si podemos encontrar la luz de Jesús. Cuando la encuentren quiero que digan: "¡Ya encontré la luz!" Alguien aquí tiene la luz, pero otros grupos también pueden simular que la tienen.

Permita que los niños caminen buscando la luz. Los niños mayores deben tomar de la mano a los niños más pequeños para que no tropiecen. Pida que la persona que tiene la linterna la encienda, mientras que los demás del grupo tratan de esconderla. Una vez que los niños descubran la luz, encienda las luces generales, reúna a los niños y lea el pasaje bíblico.

Pregunte: **¿Cómo se sintieron en la oscuridad buscando la luz? ¿Cómo se sintieron cuando alguien encontró la luz? ¿Qué hicieron? ¿Cómo piensan que la gente se sintió cuando Jesús, la luz del mundo, nació?**

Diga: **Vamos a recordar que sin Jesús estaríamos tropezando a ciegas en la oscuridad y no conoceríamos a Dios. ¡Celebremos la luz de Jesús!**

21

Título: **Como el viento**
Mejor para: **Toda edad**
Tema: **El Espíritu Santo**
Pasaje bíblico: **Juan 3:8**
Materiales: Una Biblia, un ventilador eléctrico o un secador de pelo, un sorbete (popote, pitillo, pajilla) para cada niño, y varios objetos livianos, tales como plumas, hojas, papeles o bolitas de algodón.

Coloque los objetos livianos sobre la mesa. Déle a cada niño un sorbete para que sople sobre los objetos y los trate de mover. Luego encienda el ventilador o el secador de pelo y sople con él los objetos para que vuelen por el salón. Anime a los niños a que persigan los objetos que salen volando.

Pregunte: **¿Pueden ver el viento? ¿Por qué sí, o por qué no? ¿Cómo saben que hay viento? ¿Pueden ver a Dios? ¿Por qué sí, o por qué no? ¿Cómo saben que Dios está presente?**

Diga: **Nosotros podemos sentir el viento y ver sus resultados. De la misma manera podemos ver los resultados de la presencia de Dios en la manera en que nos cuida, cuando Él contesta nuestras oraciones y cuando nos da dirección mediante la Biblia. Dios es**

Espíritu; es decir, es invisible. Esto significa que no se le puede ver. Pero Dios está presente aunque no lo podamos ver.

Lea el pasaje bíblico y luego ore: **Dios, gracias por estar con nosotros, aunque no te podamos ver. Amén.**

22 *Título:* **Panes y pescados**
Mejor para: **Jardín de infantes a segundo grado**
Tema: **La provisión de Dios**
Pasaje bíblico: **Mateo 14:14-19**
Materiales: Una canasta llena de galletas, cubiertas con una servilleta. Coloque una galleta sobre la servilleta.

Diga: **Vamos a repartirnos entre todos esta galleta mientras les cuento una historia bíblica de un niño que compartió su almuerzo con un grupo muy grande de personas.**

Cuente en sus propias palabras la historia bíblica mientras los niños se reparten la galleta que está sobre la servilleta.

Pregunte: **¿Cómo se sintieron al repartirse la galleta entre tantas personas? ¿Cómo piensan que se sintió el niño cuando dio su almuerzo para que lo repartieran a la muchedumbre? ¿Cómo fue que Jesús multiplicó la comida del niño para que alcanzara para todos?**

Levante la servilleta para que los niños vean las demás galletas.
Diga: **¡Oigan! Miren aquí hay más galletas. ¡Vamos a repartirlas entre otros!**

Oremos: **Padre: Gracias por darnos comida y todo lo que necesitamos. Amén.**

23 *Título:* **Amor en cualquier idioma**
Mejor para: **Primero a sexto grados**
Tema: **Pentecostés**
Pasaje bíblico: **Hechos 2:1-12**
Materiales: Una Biblia.

Consiga un adolescente voluntario para que simule ser una persona que no habla español. Presente al "extranjero" a los niños y diga: **Esta persona no habla nuestro idioma pero necesita saber del amor de Dios. ¿Cómo puede alguien decirle a otra persona algo sobre Dios cuando esa persona no habla español? Busquen un compañero y** entre los dos invéntense una manera de contarle al extranjero sobre el amor de Dios, pero sin hablar español.

Después de un minuto pida que los niños, por turno, presenten sus ideas al extranjero. Pueden usar pantomima o hacer algo que sea agradable y de utilidad para la persona.

Pregunte: **¿Piensan que nuestro amigo entendió el mensaje? Cuando los primeros cristianos estaban hablando de la Palabra de Dios, muchas personas de diferentes países necesitaban escucharla.** Lea el pasaje bíblico.

Diga: **Con la ayuda de Dios muchas personas entendieron su mensaje de amor. Necesitamos la ayuda de Dios para proclamar su mensaje.**

Oremos: **Dios, ayúdanos a contarles a otros lo mucho que tú los amas. Amén.**

24

Título: **Collares de amor**
Mejor para: **Preescolares**
Tema: **Alabanza**

Pasaje bíblico: **Salmo 145:10**
Materiales: Una Biblia, lana o estambre rojo en pedazos de 50 centímetros de largo, y cereal de forma de rosquitas, o fideos de forma de rosquitas.

Ofrezca a sus niños una nueva manera de alabar a Dios y mostrar su amor para Él.

Forme un círculo. Lea el pasaje bíblico. Déle a cada niño una pequeña cantidad de cereal o fideo y un pedazo de lana o estambre. Pídales que digan razones por las cuales aman a Dios. Cada vez que un niño da una respuesta, cada uno debe insertar un arito de cereal o fideo en su lana o estambre, y anudarlo. (Tal vez usted tenga que ayudar a los niños a hacer los nudos). Luego pida que los niños digan maneras en que Dios muestra que los ama. De nuevo, cada vez que un niño menciona una respuesta, todos deben añadir otro arito a su collar.

Una vez que los niños hayan terminado con su alabanza, ayúdelos a colocarse sus collares alrededor del cuello, para que les sirva como recordatorio de lo mucho que ellos aman a Dios y de lo mucho que Dios los ama.

25

Título: **Cuidar o destruir**
Mejor para: **Primero a sexto grados**
Tema: **El medio ambiente**

Pasaje bíblico: **Génesis 1:1-2, 9-10**

Materiales: Una Biblia y suficiente plastilina como para que cada niño pueda tener un trozo.

Diga: **Voy a darle a cada uno un poco de plastilina para que pueda darle la forma que quiera. Una vez hayan creado algo, cada uno debe buscar un compañero y decirle a la otra persona lo que representa su obra de arte.**

Después, diga: **Ahora que han visto sus creaciones destruyan la obra del compañero.**

Pregunte: **¿Cómo se sintieron cuando estaban haciendo su obra de arte? ¿Cómo se sintieron cuando su compañero la destruyó?**

Lea el pasaje bíblico. Pregunte: **¿Cómo piensan que se sintió Dios cuando creó el mundo? ¿Cómo ha destruido la gente partes de la creación de Dios? ¿Cómo piensan ustedes que Dios se siente cuando la gente destruye su creación? ¿Cómo podemos cuidar de lo que Dios ha creado?**

Diga: **Vuelvan a hacer algo con la plastilina. Hagan algo que les ayude a recordar su responsabilidad de cuidar de esta tierra. Luego podrán llevarse a su casa la plastilina.**

Oremos: **Dios, gracias por tu creación maravillosa. Ayúdanos a cuidar mejor de ella. Amén.**

26

Título: **Alegrando a Dios**
Mejor para: **Preescolares**
Tema: **Arrepentimiento**

Pasaje bíblico: **Juan 14:23-24**

Materiales: Papel, un marcador, lápices de colores, un cesto de basura y una Biblia.

Ayude a los niños a que aprendan lo que significa alegrar a Dios mediante la obediencia.

Primero dibuje una cara alegre y péguela sobre un cesto de basura. Luego déle a cada niño una hoja de papel y lápices de colores. Pida que cada niño dibuje una cara triste de un lado de su hoja. Después deben dibujar en el reverso de la hoja algo que hace que sus padres se sientan tristes: por ejemplo, cuando rompen alguna cosa o cuando gritan enojados o cuando pelean con sus hermanos o hermanas.

Diga: **Lo que entristece a nuestros padres también entristece a Dios. A Dios no le agrada cuando decimos o hacemos cosas feas. Pero cuando le decimos a Dios que lamentamos nuestras equivocaciones, Dios se alegra.**

Pida que los niños se sienten frente al cesto de basura con la carita alegre. Lea Juan 14:23-24 en voz alta.

Pregunte: **¿Qué entristece a Dios?** (Respuestas posibles: Cuando no presto mis juguetes. Cuando peleo con mi hermana.) **¿Cómo podemos hacer que Dios se alegre?** (Cuando recojo mis juguetes; cuando le doy un abrazo a mi mamá.)

Diga: **Ahora hagan una pelota con su papel y láncenla al cesto de basura.**

Pida que los niños formen un círculo alrededor del cesto de basura.

Ore: **Dios, nos arrepentimos por las cosas que hacemos que te entristecen. Queremos alegrarte. Amén.**

27

Título: **Mezcla**
Mejor para: **Toda edad**
Tema: **La iglesia**

Pasaje bíblico: **1 Corintios 12:12-31**

Materiales: Una Biblia, un tazón con masa para galletas de dulce o galletas ya listas, una taza de harina, un huevo, una cuchara grande y, por cada niño, una cucharita de plástico.

Muestre la harina y el huevo y pregunte: **¿A quién le gustaría comerse estos ingredientes? ¿Qué otros ingredientes se necesitan añadir para hacer que estos tengan buen sabor?** (Los niños pueden sugerir ingredientes tales como: pedacitos de chocolate, azúcar o vainilla). **¿Cómo se puede lograr que estos ingredientes tengan mejor sabor?**

Diga: **Para que estos ingredientes tengan buen sabor hay que mezclarlos con otros.** Lea el pasaje bíblico.

Diga: **Busque cada uno un compañero y díganle un buen "ingrediente" que él o ella tiene y que hace que nuestra iglesia "tenga mejor sabor," tal como una sonrisa dulce o una voz agradable.**

Conceda un minuto para que los niños realicen el diálogo.

Pregunte: **¿Qué sucedería si dejamos fuera algún ingrediente de nuestra receta? ¿Qué sucedería si alguno de nosotros no estuviera "mezclado" en nuestra iglesia?**

Reparta a cada niño una cucharadita de la masa lista o una galleta, mientras dice cosas tales como: **Eres un ingrediente importante en nuestra iglesia. Nuestra iglesia es un mejor lugar porque tú estas mezclado en ella.**

Pida que los niños se coman la masa o la galleta, y luego concluya con oración: **Padre, gracias por estos niños, tan incomparables y únicos, y que forman parte de una gran receta para nuestra iglesia.**

28

Título: **No hay donde esconderse**
Mejor para: **Toda edad**
Tema: **Confesión de pecados**
Pasaje bíblico: **Génesis 3:1-13**
Materiales: Una Biblia y una manta grande, como por ejemplo una sábana, frazada o lona.

Diga: **Veamos si podemos lograr escondernos de Dios. He traído algo que pienso nos puede ayudar.** Pida que todos se metan, junto con usted, debajo de la cobija o sábana.

Pregunte: **¿Hemos podido escondernos de Dios? ¿Puede vernos Dios aquí debajo? ¿Por qué sí, o por qué no?**

Diga: **No es posible esconderse de Dios, ya que Él nos ve dondequiera que vayamos o dondequiera que estemos.** Retire la sábana o lona y lea el pasaje bíblico.

Diga: **Cuando Adán y Eva desobedecieron a Dios trataron de esconderse. ¿Han hecho ustedes alguna vez algo que saben que no está bien y han tratado de esconderse? ¿Piensan que Dios quiere que nos escondamos de Él cuando hacemos algo malo? ¿Qué quiere Dios que hagamos cuando cometemos alguna falta?**

Dios sabe cuándo hemos cometido una falta, pero quiere que hablemos con Él sobre el asunto y no que tratemos de escondernos. Dios no quiere castigarnos. Quiere perdonarnos y ayudarnos a cambiar. Cuando hablamos con Dios en oración y no nos escondemos, Él puede ayudarnos a ser mejores creyentes.

Oremos: Gracias, Dios, por saber todo sobre nosotros. Ayúdanos a hablar contigo cuando hacemos algo mal, de modo que puedas perdonarnos. Amén.

29

Título: **Cabellos contados**
Mejor para: **Jardín de infantes a segundo grado**
Tema: **El amor de Dios**

Pasaje bíblico: **Mateo 10:30**
Materiales: Dos muñecas con mucho pelo.

Diga: **Vamos a hacer un experimento para ver qué tan bien pueden contar ustedes. ¿Cuántos pueden contar hasta diez? ¿Hasta cien? ¿Hasta mil?**

Veamos si podemos contar los pelos que tiene esta muñeca. Comience a contar en voz alta, y al llegar a diez finja equivocarse de números, y suelte algunos cabellos.

Diga: **¡Oh, no! Ya me equivoqué y dejé caer algunos pelos. Tratemos de contar los de la otra muñeca. Tal vez en esta otra sea más fácil contar los pelos.** Comience a contar. Esta vez deténgase al llegar a quince.

Diga: **¡Esto nos va a llevar años! ¡Nunca lograré contarlos todos! ¡Hay demasiados! Ya sé lo que podemos hacer. Ayúdenme a contar los pelos en la cabeza de** (un niño o niña). Seleccione un niño o niña que tenga pelo largo y comience a contar.

Diga: **¡Tampoco esto resultará!** ¡(Diga el nombre del niño o niña) **tiene aun más cabellos que las muñecas! Podemos estar contando por los próximos diez años y nunca lograríamos contarlos todos.**

¿Saben cuánto los ama Dios? La Biblia dice que Dios les ama tanto que Él sabe cuántos cabellos tienen ustedes. Dios se ocupa tanto de ustedes que sabe exactamente cuánto cabellos tienen hoy en sus cabezas. Eso significa que cuando se lavan la cabeza y se les caen seis pelitos, Él lo sabe.

¿No es maravilloso creer en un Dios que nos ama tanto que sabe cuántos pelos tenemos en nuestra cabeza? ¡Gracias Dios, por amarnos tanto!

30

Título: **Desfile de alabanza**
Mejor para: **Preescolares**
Tema: **Alabanza**

Pasaje bíblico: **Salmo 145:1-3**

Materiales: Fieltro de colores (puede usar cartulina de colores, o incluso, cartón o papel grueso), lápices, tijeras, pegamento, una Biblia y música.

El propósito de un desfile es honrar, elogiar y dar reconocimiento a un evento o a una persona. ¿Qué mejor forma de adorar a Jesús que con un desfile?

Antes del desfile permita que los niños preparen banderines o estandartes usando pedazos de fieltro de diferentes colores. Pueden recortar letras de fieltro y pegarlas, creando frases y símbolos, tales como "Espíritu" con una paloma descendiendo, o la palabra "Jesús" con el símbolo de una cruz.

Comience el desfile leyendo el pasaje bíblico y luego tocando una marcha de letra sencilla pero majestuosa, tal como "Firmes y adelante," "Soy yo soldado de Jesús," o "Rey de reyes."

Los niños que llevan los banderines encabecen el desfile. Luego desfilarán los que deseen ser los danzantes. Enseñe a los niños una danza sencilla, como por ejemplo: Levanten el brazo derecho, levanten el brazo izquierdo, levanten ambos brazos y salten.

Continúe tocando la música hasta que el desfile haya recorrido su ruta señalada.

Esta es una buena actividad para hacer antes de comenzar el culto de la iglesia.

31

Título: **Cadena de oración**
Mejor para: **Quinto y sexto grados**
Tema: **Oración**

Pasaje bíblico: **Colosenses 1:9**

Materiales: Una Biblia, y para cada equipo diez tiras de papel de colores de unos 20 centímetros de largo por 3 centímetros de ancho, un marcador, y cinta adhesiva.

Forme dos equipos y déle a cada uno sus materiales.

Diga: **Hoy vamos a hacer cadenas de oración. Cuando yo les dé la señal escriban en cada tira el nombre de una persona y una petición de oración de ella. Está bien si a una misma persona le asignan más de una tira. Luego hagan un aro con la tira, con el escrito hacia afuera, y péguenlos uniéndolos para formar una cadena. Veamos cuál es el primer equipo que termina su cadena.**

Después de que los equipos hayan terminado pida que se pongan de pie mostrando sus cadenas. Lea el pasaje bíblico. Diga: **Siempre tenemos mucho de qué hablarle a Dios. Intercambien sus cadenas y como grupo oren por lo menos por dos de las peticiones que están escritas en los eslabones. Después cada persona debe llevarse a casa por lo menos un eslabón, a fin de orar por esa persona durante esta semana. Algunos tal vez tengan que llevar más de un eslabón, para que no quede ninguno.**

32

Título: **Perplejo**
Mejor para: **Tercero y cuarto grados**
Tema: **Dios nos ayuda a resolver nuestros problemas**

Pasaje bíblico: **Lucas 1:37**

Materiales: Tres pedazos de cartulina del mismo color, un marcador, una Biblia y tijeras.

En letras grandes escriba las palabras de Lucas 1:37 en cada una de las cartulinas. Recorte cada cartulina en pedazos de forma de piezas de un rompecabezas. Escriba un número "1" detrás de cada pieza del primer rompecabezas. Escriba un "2" detrás de las piezas del segundo rompecabezas y un "3" detrás de las piezas del tercer rompecabezas. Mezcle todas las piezas de los tres rompecabezas y colóquelos en un montón sobre una mesa o en el suelo.

Instruya a los niños que deben trabajar juntos para armar los rompecabezas. Conceda tiempo para que los niños traten de armarlos.

Después de unos minutos diga: **Ustedes no tienen toda la información que necesitan para poder armar estos rompecabezas. Les voy a dar una ayuda.**

Vuelva a reunir en un solo montón todas las piezas. Entonces forme tres equipos y diga: **En el reverso de cada pieza hay un número escrito. Todos los números "1" son parte de un rompecabezas, todos los "2" son parte de un segundo rompecabezas y todos los "3" for-**

man un tercer rompecabezas. Asigne un número a cada equipo. Diga: **Ahora, armen el rompecabezas que le corresponde a su equipo.**

Pregunte: **¿Cómo se sintieron la primera vez al tratar de armar los rompecabezas? ¿Cómo se sintieron después, cuando les di la clave para poder armarlos? ¿Hay en su vida un problema que parece imposible de resolver? ¿Cómo puede Dios ayudarles a resolver ese problema?**

Diga: **Dios sabe que tenemos problemas que a veces parecen imposibles de resolver. Pero para Él nada es imposible. Podemos pedirle a Dios que nos dé las claves para poder resolver nuestros problemas.**

Oremos pidiéndole a Dios que nos ayude. Padre nuestro, gracias que para ti nada es imposible. Ayúdanos a resolver nuestros problemas durante esta semana. Amén.

33

Título: **Dar el corazón**
Mejor para: **Preescolares**
Tema: **Día de los enamorados (de la amistad)**

Pasaje bíblico: **1 Juan 4:10-11**

Materiales: Hojas de papel grueso de color rojo, una hoja grande de papel rojo y una Biblia.

Conforme los niños vayan llegando déle a cada uno una hoja de papel rojo.

Diga: **Hoy vamos a usar nuestras hojas de papel rojo para contar una historia de una niña que nunca recibía tarjetas de felicitación por el día de los enamorados. ¿Cómo piensan que se sentía esta niña? Se sentía tan triste que decidió dar una caminata en un campo lleno de bellas flores rojas.** Levante la hoja grande de papel y pida que los niños hagan lo mismo. **La niña llegó a un jardincito lleno de tulipanes rojos.** Doble su hoja a lo largo, por la mitad (paso 1). **Se sintió cansada, así que se recostó. Hacía frío, de modo que se tapó con algunas flores como si fueran una frazada.** Abra el papel. Doble las esquinas de la parte de abajo hacia adentro (paso 2).

Cuando se despertó vio una flecha. Vuelva a doblar la hoja por el centro (paso 3). **La flecha estaba apuntando a un arroyo que formaba una curva.** Con la mano rasgue el papel siguiendo la curva indicada arriba (paso 4).

Al dirigirse al arroyo la niña se emocionó mucho y se alegró, porque se acordó de algo que aprendió en la iglesia. Lea el pasaje bíblico.

La niña corrió a su casa e hizo una tarjeta de felicitación para cada uno de sus amigos, de modo que poder darles una parte del gran amor que Dios le había dado a ella. Abra los dobleces del papel hacia usted para revelar el corazón que ha formado (paso 5).

Este es el Día de los enamorados (o de la amistad). Denle un poco del amor de Dios a tantas personas como puedan. Entreguen el corazón que han hecho a alguien a quien quieren.

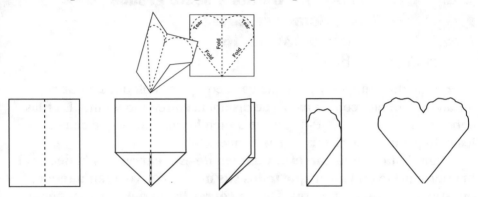

34
Título: **Los zapatos**
Mejor para: **Tercero a sexto grados**
Tema: **Juzgando a otros**
Pasaje bíblico: **Mateo 7:1-5 y Romanos 15:7**
Materiales: Una Biblia.

Forme parejas y pídales que se quiten los zapatos. Los niños deben intercambiar sus zapatos y luego ponerse de pie junto a una pared. Al dar usted la señal cada niño debe ponerse al revés los zapatos del compañero (esto no será fácil), luego debe correr así hasta el otro extremo del salón y luego regresar al punto de partida. Entonces pueden volver a cambiar de zapatos, y ponerse los propios nuevamente.

Cuando todos hayan terminado pida que formen un círculo. Diga: **Un refrán muy conocido en algunas partes es: "No juzgues a nadie mientras no hayas caminado un kilómetro en los zapatos de esa persona." ¿Saben lo que esto significa? ¿Fue fácil o difícil caminar en los zapatos de otro?**

Lea en voz alta Mateo 7:1-5 y luego pregunte: **¿Qué significa juz-gar a otros? ¿Qué nos dice este pasaje bíblico respecto a juzgar? ¿Por qué piensan que Dios no desea que juzguemos a otros? ¿Han visto ustedes a algún niño diciendo cosas feas de otros en la escuela? ¿Qué debemos hacer en vez de juzgar a otros? ¿Cómo podemos "caminar un kilómetro en los zapatos de otras persona"?**

Lea Romanos 15:7 en voz alta.

35

Título: **Cambio de zapatos**
Mejor para: **Quinto y sexto grados**
Tema: **Somos únicos**
Pasaje bíblico: **Salmo 139:13-16**
Materiales: Una Biblia.

Forme dos equipos y pida que cada equipo se coloque en hilera, mirando al frente, con un metro de distancia entre niño y niño. La filas deben quedar paralelas. Pida que se quiten los zapatos y que cada uno los coloque un poco detrás de sus talones.

Diga: **Esta es una carrera. La meta de esta carrera es la de ser el primer equipo en lograr que todos sus miembros vuelvan a tener puestos sus propios zapatos. Deben correr hacia delante y ponerse los zapatos de la persona que les queda directamente al frente. Después de haberse puesto esos zapatos, deben quitárselos, entonces deben deben correr al próximo par y hacer lo mismo. Cuando hayan llegado a la cabeza de la fila de su equipo deben correr al extremo de la fila, y empezar de nuevo. Deben hacer esto hasta que cada per-sona haya llegado otra vez a sus propios zapatos. El primer equipo que logre terminar con cada miembro teniendo puestos de nuevo sus propios zapatos es el que gana.**

Después del juego lea Salmo 139:13-16 en voz alta. Luego diga: **Dios hizo nuestros pies diferentes de los de los demás. Dios nos hizo a cada uno diferente. ¿Cuál es una maravillosa diferencia que tiene la persona que cada uno de ustedes tiene delante?**

Permita que cada niño diga una diferencia.

36

Título: **Salpicón de verano**
Mejor para: **Primero a sexto grados**
Tema: **Cuidando de las personas necesitadas**

Pasaje bíblico: **1 Juan 3:16-18**

Materiales: Vasos de plástico o desechables, un balde o cubeta con agua, jarras u ollas, y una Biblia.

¡Esta actividad será una de las favoritas de sus niños!

Forme dos equipos y pida que cada equipo se forme en hilera. Déle a cada equipo un vaso de plástico o desechable. Comenzando con la primera persona en la hilera cada niño o niña debe correr al balde de agua, llenar el vaso, colocárselo sobre la cabeza, correr de regreso a su posición original sin tocar el vaso con sus manos, y vaciar lo que quede (si acaso queda algo) en la olla o jarra de su equipo. Luego debe entregarle el vaso a la siguiente persona en la fila.

Después de que todos los niños han tenido un turno y se hayan mojado, pregunte: **¿Les gustaría tener que acarrear agua desde un pozo hasta su casa, todos los días?**

Diga: **En algunos países, acarrear agua no es un juego. Las personas tienen que llevar el agua en cántaros sobre sus cabezas, simplemente para tener suficiente agua para sus necesidades diarias.**

Pregunte: **¿Cuáles son algunas de las facilidades modernas que tiene nuestra región y por las cuales debemos estar agradecidos? ¿Por qué piensan que Dios les permitió nacer en esta nación en vez de en un país menos desarrollado? ¿Qué obligaciones tenemos para con la gente que no tienen las comodidades de las cuales disfrutamos nosotros?**

Lea 1 Juan 3:16-18 en voz alta. Concluya en oración, pidiendo a Dios que le muestre a los niños las formas en que pueden ayudar a los menos afortunados.

37

Título: **Tres casitas**
Mejor para: **Toda edad**
Tema: **La obediencia**

Pasaje bíblico: **Lucas 6:47-49**

Materiales: Paja, ramas delgadas, ladrillos y una Biblia.

Forme tres grupos. Déle al primer grupo un poco de paja, al segundo una cantidad de ramas delgadas, y al tercer grupo diez ladrillos. Pida que cada grupo construya una casa.

Diga: **Ahora vamos a soplar sobre nuestras casas para ver qué tan fuertes son.** Todos deben unirse para soplar sobre cada casa, empezando con la casa de paja, luego la de ramas, y finalmente la de ladrillos.

Pregunte: **¿Cómo se sintieron al observar lo que resultó cuando soplamos sobre su casa? Leamos una historia de dos casas. Jesús relató esta historia en Lucas 6:47-49.** Lea el pasaje bíblico.

Pregunte: **¿Qué nos dijo Jesús que necesitamos hacer para ser fuertes? ¿Cuán fácil o difícil es obedecer la Palabra de Dios? ¿Qué es algo positivo que les ha sucedido cuando han obedecido la Palabra de Dios?**

Diga: **Oremos y pidámosle a Dios que nos ayude a obedecer su Palabra. Tómense de las manos y oren en silencio por la persona que tienen a su izquierda, para que obedezca a Dios y de esa forma pueda ser fuerte.** Después de 30 segundos de oración en silencio diga: **Amén.**

38

Título: **Verdaderos siervos**
Mejor para: **Quinto y sexto grados**
Tema: **Sirviendo a otros**

Pasaje bíblico: **Juan 13:3-5, 12-17**

Materiales: Una Biblia y objetos misceláneos, tales como un lápiz, una hoja de papel, un pedazo de cuerda, un rollo de cinta adhesiva, una taza vacía, una toalla, un vaso con agua, un caramelo (dulce), etc.

Pida que los niños se sienten en un círculo de sillas. Para cada niño ponga un objeto en medio del círculo.

Por turno los niños deben tomar un artículo y usarlo de alguna manera para servirle en alguna forma a otra persona en el círculo. Los niños deben tomar un objeto que no se haya usado antes. Asegúrese de que cada persona recibe un servicio por lo menos una vez.

Después lea en voz alta Juan 13:3-5, 12:17. Pregunte: **¿Cómo se sintieron al servir a otras personas? ¿Qué se siente cuando otros nos sirven o nos brindan atención? ¿Por qué Jesús sirvió a sus discípulos? ¿Cómo podemos servir a otros durante esta semana?**

39

Título: **¿Qué puedo darles a mis padres?**
Mejor para: **Primero a cuarto grados**
Tema: **Los padres**

Pasaje bíblico: **Efesios 6:1-3**
Materiales: Una Biblia, papel para carteles o papel periódico y un marcador, o pizarrón y tiza (gis).

Forme parejas. Pida que cada pareja decida quien hará de papá y quién hará de bebé.

Diga: **Vamos a imaginarnos que somos padres y bebitos. Durante medio minutos deben cuidar a su bebé. Pueden mecerlo y alimentarlo. Luego cambiarán los papeles, durante otro medio minuto.**

Pregunte: **¿Cómo se sintieron al hacer de papá o mamá? ¿Cómo los cuidan sus padres? ¿Cómo se sienten cuando sus padres los cuidan?**

Lea el pasaje bíblico y luego diga: **Vamos a preparar una lista de diferentes maneras en que podemos honrar a nuestros padres por todas las cosas que hacen por nosotros.** Escriba las respuestas de los niños en el papel o en el pizarrón.

Diga: **No siempre es fácil honrar a nuestros padres. Pidámosle a Dios que nos ayude: Dios, enséñanos las mejores formas de amar y honrar a nuestros padres. Ayúdanos a hacer estas cosas. Amén.**

40

Título: **¿Qué dices?**
Mejor para: **Quinto y sexto grados**
Tema: **Presión de compañeros**

Pasaje bíblico: **Hebreos 10:24-25**

Materiales: Dos billetes de un peso (o moneda nacional) y una Biblia.

Pida que un voluntario se coloque al lado suyo y sea el "jugador" en esta actividad. Diga: **Eres nuestro jugador de hoy. Voy a darte un peso. Debes decir qué cosa especial te gustaría hacer con este dinero. Tienes un minuto para que decidir. Los demás niños te van a decir a gritos sugerencias o ideas. Si escoges la idea que otra persona dice, tienes que darle a esa persona el billete. Si no escuchas las ideas de los demás entonces te puedes quedar con el peso.**

Después de un minuto, pregunte: **¿Cuál es tu respuesta? ¿Alguien te ayudó a tomar esa decisión? ¿Por qué sí, o por qué no?** Si alguien lo ayudó pídale que diga el nombre de la persona. Entonces tome el peso y entrégueselo a la persona que le influyó.

Pregunte: **¿Cómo te sentiste al enfrentar la presión de otros para que aceptaras sus respuestas? ¿Cómo se sintieron ustedes, el resto, al tratar de presionar al jugador para que decidiera por la idea que ustedes le ofrecían? ¿Cómo te sentiste al darte cuenta de que perdiste** (o lograste quedarte con) **tu peso? ¿Cuáles son algunas maneras en que podemos resultar perdedores si cedemos a las presiones negativas de los compañeros en la calle o la escuela?**

Lea el pasaje bíblico. Pregunte: **De acuerdo a la Biblia, ¿cómo podemos usar la presión de los compañeros para influir en otros para que hagan el bien?**

Déle un peso como premio a la persona que hizo de jugador.

Diga: **Oremos: Dios, ayúdanos a animar a nuestros amigos para que tomen las mejores decisiones. Amén.**

Notas

Historias

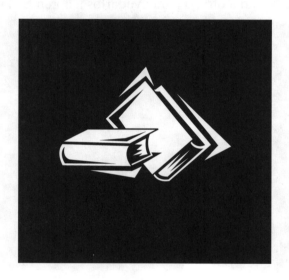

Los juegos que utilizan los dedos y acciones con las manos ayudan a los niños de edad preescolar a desarrollar mejor control de su habilidad manual. Los versos y la memorización les ayudan a mejorar su habilidad para hablar. Use los juegos con movimientos y acciones para ayudar a los niños a tranquilizarse y a usar positivamente su energía, como transición de una actividad a otra, o para ayudarlos a aprender las historias bíblicas y sus conceptos.

Título: **Completamente seco**
Mejor para: **Primero a sexto grados**
Tema: **Nueva vida en Cristo**
Pasaje bíblico: **Mateo 5:6**
Materiales: Una esponja seca (de las duras) y un lata de hornear de poca altura o un plato hondo con agua.

Coloque la esponja seca en medio de la lata o plato con agua y muestre lo que sucede. Diga: **Miren cómo el agua parece desaparecer y esta esponja seca, sin brillo y de aspecto duro cambia y se convierte en un objeto húmedo, con brillo y flexible. Sin Jesús nuestras vidas son como esponjas secas. Cuando Jesucristo entra en nuestras vidas ocurre un cambio. El nos hace nuevos por dentro, y este cambio se muestra en nuestro exterior.**

En Mateo 5:6 Jesús dice: "Dichosos los que tienen hambre y sed de hacer lo que Dios exige, pues él hará que se cumplan sus deseos." Si ustedes están tan secos como una esponja vieja, ¡pueden ser llenos del agua de vida al venir a la fuente: Jesús!

Título: **Daniel el valiente**
Mejor para: **Preescolares**
Tema: **La protección de Dios**
Pasaje bíblico: **Daniel 6**
Materiales: Ninguno.

Indique a los niños que ellos van a participar en el relato de esta divertida historia. Cuando ellos oigan las siguientes palabras claves, deben hacer las acciones que se indican:
- Daniel: Ponerse de pie muy derechos
- Orar: Juntar las manos y agachar la cabeza.
- Hombres malvados: Hacer una mueca como de persona mala.
- Rey: Simular tener una corona sobre sus cabezas poniendo sus manos sobre sus cabezas, haciendo un círculo con los dedos.
- Leones: Hacer sonidos feroces y colocar las manos como si fuesen garras de león.

<u>**Daniel oraba**</u> **a Dios tres veces al día.**

En la corte del rey Darío había unos hombres malvados que tenían celos de Daniel porque el rey favorecía a Daniel. Los hombres malvados querían matar a Daniel.

Los hombres malvados convencieron al rey que le dijera a Daniel que no orara, pero Daniel era valiente, y siguió orando a Dios. Los hombres malvados le dijeron esto al rey.

Cuando el rey escuchó esta noticia se puso muy triste. Ordenó que echaran a Daniel en un foso donde se había leones. Daniel estuvo con los leones toda la noche.

Al día siguiente el rey fue al lugar donde estaban los leones y preguntó: "¿Daniel, estás ahí?"

Daniel contestó: "¡Los leones no me hicieron ningún daño porque soy inocente a los ojos de Dios y de mi rey!"

El rey lloró de alegría al saber que Daniel estaba bien. Ordenó que echaran a los hombres malvados a los leones.

Daniel siguió orando a Dios siempre.

3 *Título:* **Crecimiento**
Mejor para: **Tercero a sexto grados**
Tema: **Discipulado**

Pasaje bíblico: **Mateo 28:18-19**
Materiales: Brócoli (brécol) y un cuchillo.

Muestre a los niños un racimo grande de brócoli. Tome el cuchillo y corte el brócoli por la mitad, a lo largo. Comience la lección objetiva por la parte inferior del tallo.

Diga: **Esto representa un creyente que ya ha tenido tiempo para crecer y madurar. Fíjense como el brócoli tiene un tallo grueso hacia abajo. Ese tallo representa a una persona que ha oído hablar de Jesús y ha decidido seguirlo. Ahora sigamos ese tallo grueso hacia arriba, y encontrarmos otras ramas más pequeñas. Aquí tenemos dos personas más que han decidido seguir a Cristo inspirados por la vida de la primera persona. Más arriba tenemos cuatro creyentes en vez de solamente uno. El proceso continúa hasta que llegamos a la cabeza, donde están las flores en grupos apretados y abundantes; estos representan a otras personas a quienes los anteriores han traído a Cristo.**

Así es como Dios espera que se haga su obra. ¡Uno por uno! ¡Una persona que ya ha sido ganada para Dios gana a otra! Cuando

alguien decide seguir a Jesucristo, esa persona necesita de un creyente que le respalde y le ayude a crecer hasta que llegue a ser un discípulo maduro, que a su vez alcanzará a otros.

Título: **¡Ven y sígueme!**
Mejor para: **Preescolares**
Tema: **Discipulado**
Pasaje bíblico: **Mateo 4:18-22**
Materiales: Ninguno.

Pida que los niños digan las siguientes frases y hagan las acciones correspondientes junto a usted en este divertido juego, basado en Mateo 4:18-22.

Jesús caminaba por la playa *(haga que dos de sus dedos de la mano derecha "caminen" sobre el brazo izquierdo),*
Él miró *(ponga la mano derecha sobre los ojos como para hacer sombra para ver mejor),*
los botes en el mar *(poniendo las manos hacia abajo, junte las yemas de los dedos para formar un bote, y mueva el bote como si estuviera en el mar).*
Él quería *(coloque ambas manos sobre su corazón)*
a los atareados pescadores *(simule estar usando una caña de pescar)*
y los llamó: *(ponga las manos alrededor de su boca)*
¡Vengan y síganme! *(haga con las manos ademanes como si estuviera llamando a alguien).*

Título: **David se enfrenta a Goliat**
Mejor para: **Preescolares**
Tema: **David y Goliat**
Pasaje bíblico: **1 Samuel 17**
Materiales: Ninguno.

Dirija a los niños en este juego de ademanes basado en 1 Samuel 17. Pida que los niños hagan los movimientos indicados en paréntesis:

(Comience con las manos detrás de su espalda).
¿Dónde está Goliat?

Aquí está Goliat *(muestre el dedo índice de la mano izquierda).*
¿Dónde está David?
Aquí está David *(muestre el dedo meñique de la mano derecha).*
Goliat es muy alto *(estire el dedo que representa a Goliat).*
David es muy pequeño *(mueva varias veces el dedo meñique que representa a David).*
Goliat dijo: "Tú no me puedes ganar. Yo soy más fuerte que tú; ya verás" *(use una voz fuerte y mientras habla mueva el dedo que representa a Goliat).*
David dijo: "Yo ganaré, porque Dios está conmigo" *(mientras habla mueva el dedo que representa a David).*
David oró *(junte sus manos),*
Y lanzó su piedra al aire *(simule lanzar una piedra).*
La piedra salió volando directamente *(coloque las manos sobre las cejas, simulando mirar la piedra).*
Y el gigante Goliat cayó *(haga que el dedo que representa a Goliat caiga en la palma de la mano derecha).*
El pequeño David venció *(levante las manos en señal de victoria),*
Porque su fe estaba en el Dios verdadero *(coloque las manos en posición de oración).*

6

Título: **El cuidado de Dios**
Mejor para: **Preescolares**
Tema: **El amor de Dios**
Pasaje bíblico: **Mateo 10:29-31**
Materiales: Ninguno.

Lea la siguiente historia. Instruya a los niños que hagan junto con usted los movimientos indicados en paréntesis:

Dios cuida a los pajaritos que cantan en los árboles *(mueva los dedos y el pulgar para que se abran y se cierren, imitando el pico del pájaro).*
Él cuida a los peces que nadan en el mar *(con las palmas unidas, mueva las manos simulando ser peces nadando).*
Dios cuida de la tortuga en su caparazón *(forme un puño con una mano y cúbralo con la otra).*
Él cuida del conejito que salta y brinca contento *(salte mientras hace orejitas de conejo con las manos).*

Dios cuida del gusano que se arrastra despacio. Un día Él hará que ese gusano se convierta en una mariposa *(mueva los dedos de una mano sobre el brazo para simular un gusano que se arrastra. Luego la mano "sale volando" como una mariposa).*

Dios cuida de las flores del jardín *(levante las manos desde las piernas, en un movimiento que simule a las flores abriéndose).*

Él cuida de las abejas, y las ayuda a hacer la miel *(simule mojar su dedo en la miel y comerla).*

Si Dios cuida de todas estas cosas y ama a las flores también *(haga un movimiento circular amplio primero con un brazo y luego con el otro),*

Imagínense cuánto más nos ama y nos cuida a nosotros *(haga un movimiento circular con ambos brazos para incluir a todos los niños).*

7

Título: **Palabras alegres, palabras tristes**
Mejor para: **Preescolares**
Tema: **El hablar**

Pasaje bíblico: **Mateo 12:35-37**
Materiales: Ninguno.

Lea esta historia en voz alta, mientras los niños participan en la misma.

Diga: **¿Se han dado cuenta que ciertas palabras pueden cambiar la expresión en nuestras caras? Por ejemplo, digamos todos la palabra "malo." ¿Sienten cómo sus caras se ponen serias? Ahora digamos la palabra "feo" mientras tratamos a la vez de sonreír. ¿Es difícil hacerlo, verdad? Ahora digamos la palabra "odio." Cuando decimos esta palabra no solamente nos hace poner la cara muy seria, sino que también nos hace sentir muy mal por dentro.**

Ahora tratemos palabras diferentes. Digamos la palabra "alegre." Nos hace sonreír, ¿verdad? Digamos la palabra "bueno." Es una palabra feliz. Ahora digamos la palabra "amor." Nos hace sentir calor y bien por dentro. Ahora traten de poner una cara triste, mientras dicen "helado" (nieve). Es difícil hacerlo, ¿verdad? Los helados siempre nos hacen sonreír.

"Malo," "feo" y "odio" son palabras que nos hacen sentir tristes. A Dios no le agrada que usemos esas palabras. Por el contrario, a

Dios le gusta que usemos palabras alegres tales como "amor," "bueno" y "feliz."

Así que recordemos las palabras importantes que hemos dicho hoy, tales como "amor," "bueno" y "feliz." Son palabras fáciles de decir; y cuando se las decimos a otros ellos se sentirán felices al igual que nosotros.

Título: **Manos que ayudan**
Mejor para: **Preescolares**
Tema: **Ayudar**

Pasaje bíblico: **Lamentaciones 3:41**
Materiales: Ninguno.

Diga en voz alta la siguiente estrofa, mientras que los niños hacen los movimientos señalados en paréntesis:

Tengo dos manitas (*muestre sus manos con las palmas hacia arriba*),
y diez deditos (*alce las manos y mueva los dedos*),
Dios me los dio para ayudar.
Les digo "hola" a mis amigos (*agite ambas manos saludando a los amigos*),
Pongo mi abrigo en un perchero (*mueva ambas manos hacia delante y luego hacia arriba y abajo*),
Recojo mis juguetes y los guardo (*simule recoger objetos del suelo*),
Volteo las páginas de un libro (*con las palmas hacia arriba mueva la mano derecha sobre la izquierda simulando dar vuelta a las páginas*),
Abro mi Biblia y aprendo sobre cuánto me cuida Dios (*junte las manos como para formar un libro*),
Uno mis manos para orar (*unan las manos para orar*).
¡Gracias Dios por manos que ayudan!

Después de que los niños hayan concluido el juego, hable sobre cómo Dios los cuida. Dígales que aunque ellos son pequeños, pueden hacer mucho con las manos que ayudan.

Título: **Arrodillarse con Jesús**
Mejor para: **Preescolares**
Tema: **Siguiendo a Dios**
Pasaje bíblico: **Salmo 89:15**
Materiales: Ninguno.

Diga lo siguiente mientras los niños hacen los movimientos indicados en paréntesis:

Seguimos el camino por donde anduvo Jesús (*marche en su propio terreno*).

Nos sentamos a la orilla del mar dónde Jesús habló (*tome asiento*).

Abrazamos a los niños que se sentaron en las rodillas de Jesús (*dé palmaditas en sus rodillas*).

Vemos los grandes milagros que Jesús hizo (*señale sus ojos*).

Escuchamos las alabanzas alegres que los niños dijeron (*ponga sus manos en sus orejas*).

Cantamos junto con los ángeles que cantaron sus alabanzas (*señale su boca*).

Sentimos el dulce amor que Jesús dio con toda ternura (*cruce sus brazos sobre el pecho con los puños cerrados*).

Nos arrodillamos en el jardín junto a Jesús para orar (*con las palmas de la manos unidas, arrodíllese*).

Título: **Mi fe es como una semilla**
Mejor para: **Preescolares**
Tema: **Fe**
Pasaje bíblico: **Lucas 8:15**
Materiales: Ninguno.

Lea la siguiente historia mientras los niños hacen las acciones indicadas en paréntesis.

Voy a sembrar mi semilla de fe (*use la mano derecha simulando colocar la semilla en la mano izquierda*),

La regamos (*mueva los dedos de la mano derecha sobre la izquierda, como regando la semilla*),

Con oración (*junte sus manos en oración*),

La mantenemos abrigada con nuestro cariño (*ponga la mano derecha sobre el puño cerrado de la mano izquierda*).

Y vemos que mi semilla crece como yo (*ponga el dedo índice de la mano derecha dentro del puño de la mano izquierda, y hágalo pasar suavemente hacia arriba por el agujero, como si una planta estuviera saliendo de la tierra*),

Para alcanzar al Padre celestial.

Después de que los niños hayan terminado este juego hable sobre cómo Jesús les ha puesto a cada uno una semilla de fe dentro de sus corazones. Pregunte: **¿Cómo podemos aprender más acerca de Jesús?**

Diga: **Al aprender acerca de Dios nuestra semillita de fe crece y se convierte en una fe grande y hermosa en nuestros corazones.**

11

Título: **Víspera del Año Nuevo**
Mejor para: **Preescolares**
Tema: **Día de Año Nuevo**
Pasaje bíblico: **Salmo 92:1-2**
Materiales: Ninguno.

Relate: **Era media noche. Roberto estaba dormido. De súbito lo despertó el estruendo de bocinas (pitos) de automóviles y de silbatos y matracas, que venía desde la calle.**

—¡Mamá, Mamá!—, gritó Roberto, sentándose en la cama.

Su mamá y papá vinieron corriendo a su cuarto.

—Esta bien, hijito—, dijo la mamá mientras se sentaba en su cama. Levantó a Roberto y lo puso sobre su falda.

—¿Qué sucede?—, preguntó el niño.

—La gente está haciendo alboroto porque están alegres. ¡Es el comienzo de un nuevo año!—, explicó la mamá.

—¡Ah!—, murmuró Roberto.

El papá se sentó al lado de la mamá, y dijo: —Me alegro de que te hayas despertado, Roberto. Cada año, mamá y yo empezamos el año con una oración. Le damos gracias a Dios por todas las cosas buenas que han sucedido durante el año. Este año tú puedes orar junto con nosotros.

—Está bien—, dijo Roberto, soñoliento.

Y así oraron juntos. La mamá le dio gracias a Dios por la buena salud de la familia; el papá agradeció a Dios por proveerles para

todas las necesidades, y Roberto le dio gracias a Dios por lo mucho que se habían divertido.

Luego de la oración, el papá dijo:

—Tenemos mucho para celebrar, así como las personas afuera. Vamos a la cocina para tener una fiestecita de celebración antes de volver a acostarnos.

Y así lo hicieron. Comieron galletas y tomaron leche. Roberto comprendió que podía esperar otro nuevo año llenos de buenas cosas por las cuales agradecer a Dios otra vez en la próxima fiesta de Año Nuevo.

12

Título: **Nadie es un "Don Nadie"**
Mejor para: **Primero a sexto grados**
Tema: **Toda persona es importante**
Pasaje bíblico: **Filemón**
Materiales: Una lata de aluminio aplastada.

Diga: **Tengo aquí una lata de aluminio aplastada.** Muestre la lata. **¿Cuántos de ustedes piensan que debo echarla a la basura?**

Esta lata parece no servir para nada, pero tiene valor. Puedo llevar esta lata a los lugares donde reciclan aluminio y recibir unos centavos a cambio. Aunque un centavo no parece ser gran cosa, si alguien tiene novecientos noventa y nueve mil novecientos noventa y nueve pesos con noventa y nueve centavos, sólo necesita un centavo más para llegar al millón.

A veces vemos a las personas así como vemos a esta lata de aluminio. Pensamos que no valen gran cosa; pero ante los ojos de Dios tienen mucho valor.

La Biblia nos cuenta acerca de un esclavo llamando Onésimo. Muchas personas pensaban que no servía para gran cosa, puesto que era un esclavo. Pero a Onésimo le gustaba ayudar a los demás y tenía muchas cualidades de liderazgo. Así como esta lata aplastada, él tenía su propio valor. De modo que la próxima vez que se sientan inclinados a pensar que alguien es no sirve para nada, piénsenlo de nuevo. Ante los ojos de Dios, todos tenemos mucho valor.

13

Título: **Abramos la Biblia**
Mejor para: **Niños de 1 y 2 años**
Tema: **La Biblia**

Pasaje bíblico: **Josué 1:8**
Materiales: Una Biblia.

Dirija a los niños en el siguiente juego, pidiendo que hagan junto con usted los movimientos que se indican entre paréntesis:

Abramos la Biblia *(una las manos como si fuera un libro y luego abra el libro abriendo las manos)*
Y leámosla hoy *(haga círculos con los dedos y póngalos sobre los ojos, como si fueran anteojos),*
Abramos la Biblia *(igual que la primera acción)*
Y aprendamos el camino de Dios *(señale al cielo).*
Abramos la Biblia *(igual que la primera acción)*
Y oremos: *(junte las manos para orar)*
"Te damos gracias, Dios, por la Biblia."

Abra su Biblia y diga el tema del día, como por ejemplo: "Dios desea que aprendamos las cosas que Él nos dice en la Biblia." Usted puede usar este juego y movimientos de manos para comunicarles a los niños que vivimos siguiendo la verdad de Dios, la cual leemos en la Biblia.

14

Título: **Afuera y adentro**
Mejor para: **Preescolares**
Tema: **Aceptación**

Pasaje bíblico: **Hechos 10:34**
Materiales: Dulces (frutas enconfitadas) en su paquete original y un cuchillo.

Muestre el paquete de dulces y diga: **Según lo que dice el paquete todos estos dulces fueron hechos con los mismos ingredientes, en el mismo lugar y siguiendo el mismo proceso. Sin embargo, tienen diferentes colores: rojo, amarillo, blanco, negro y hasta verde.** Corte varios de los dulces por la mitad.

Diga: **Miren cómo estos dulces son iguales por dentro y son diferentes solo por fuera. Dios hace a la gente así también. Todos esta-**

mos hechos de los mismos "ingredientes" por dentro, pero nos vemos diferentes por fuera. Tenemos personalidades diferentes, formas y colores diferentes también. Pero Dios desea que miremos lo que las otras personas son por dentro.

15 *Título:* **Orando con la ayuda de los dedos**
Mejor para: **Preescolares**
Tema: **Oración**
Pasaje bíblico: **1 Timoteo 2:1**
Materiales: Ninguno.

Use este creativo juego para animar a los niños a orar.

Primero pida que los niños levanten una mano y que aprendan los siguientes versos: "Dios me dio manos para ayudarme a orar. Mis dedos me enseñan lo que debo decir."

Luego pida que los niños separen cada dedito y hagan una oración específica con cada uno:

• El pulgar es el dedo más cerca de mi corazón. Me recuerda que debo orar por las personas que más quiero: mi familia.

• El dedo índice sirve para señalar cosas aun cuando no siempre las veo. A veces me enseña cosas. Oraré por mis maestros.

• El dedo del medio es el más alto de todos. Me ayuda a recordar al presidente del país y a los jefes en el trabajo de mi padre.

• El dedo anular es débil, y no puede sostenerse solo muy bien. Debo orar por los enfermos y los que no se sienten bien.

• El meñique es el más pequeño. Me ayuda a recordar que debo orar por mí mismo.

16 *Título:* **Huevos de Pascua (En los países donde se observa esta costumbre)**
Mejor para: **Preescolares**
Tema: **Resurrección**
Pasaje bíblico: **Mateo 27:29, 32, 48, 59, 60; Marcos 16:1**
Materiales: Seis huevos plásticos (huecos) numerados del 1 al 6, una Biblia (preferiblemente de la Versión Popular), una ramita con espinas, dos palitos rústicos, una esponja pequeña con vinagre, un pedacito de tela blanca, una

piedra y clavos de olor y otras especerías. Estos últimos objetos deben poder caber dentro de los huevos de plástico.

Use los huevos de pascua para recordarle a los niños la verdadera razón por la cual celebramos la resurrección. Usted se sorprenderá al ver cuán fascinados quedan sus niños con esta forma de relatar la historia de la resurrección, y cuántos detalles pueden decir los niños a medida que usted relata la historia.

Coloque de antemano los siguientes objetos en los huevos plásticos numerados: #1: la rama con espinas; #2: dos palitos rústicos, uno más largo que otro; #3: la esponja con vinagre; #4: el pedacito de tela blanca; #5: una piedrita; #6: clavos de olor y otras especerías.

Lea en voz alta Mateo 27:29. Muestre el huevo #1 y pida a los niños que traten de adivinar lo que está dentro del huevo. Si no logran adivinar, entonces muéstreles la ramita de espinos. Explique cómo Jesús llevó una corona de espinas cuando murió por nosotros. Lea en voz alta Mateo 27:32 y pida que los niños traten de adivinar lo que hay en el huevo #2. Continúe pidiendo que los niños traten de adivinar lo que contiene el huevo, después que usted lee cada pasaje bíblico: huevo #3: Mateo 27:48; huevo #4: Mateo 27:59; huevo #5; Mateo 27:60; huevo #6: Marcos 16:1.

17 *Título:* **Vean al Niñito Jesús**
Mejor para: **Preescolares**
Tema: **La vida de Jesús**
Pasaje bíblico: **Isaías 53:2-5**
Materiales: Ninguno.

Pida que los niños digan las siguientes frases, mientras hacen junto con usted los movimientos indicados en paréntesis:

Vean al niñito Jesús naciendo en un pesebre (*junte las puntas de los dedos como para formar un techo*).
Vean al niñito Jesús en brazos de María (*arrulle con los brazos*).
Vean al niñito Jesús y la estrella en el cielo (*alce los brazos*).
Vean al niñito Jesús acostado en el pesebre (*junte las palmas de las manos, y póngalas en una mejilla*).
Vean al niño Jesús, un niño como yo (*señálese usted mismo*).

Vean al niño Jesús pescando en el mar *(ponga las manos juntas, como si estuviera pescando con caña).*

Vean al niño Jesús corriendo de aquí para allá *(haga correr dos de sus dedos sobre la palma de la otra mano).*

Vean al niño Jesús de rodillas en oración *(junte sus manos en oración).*

Vean a Jesús ya hecho hombre caminando junto al mar *(dos dedos "caminando").*

Vean a Jesús ya hombre con niños sobre sus rodillas *(dos manos sobre sus rodillas).*

Vean a Jesús ya hombre amando a todos *(puños cerrados, brazos cruzados sobre el pecho).*

Vean al hombre Jesús pidiéndome que venga a Él *(la mano derecha invitando a venir).*

18

Título: **¡Gracias Dios!**
Mejor para: **Preescolares**
Tema: **La creación**

Pasaje bíblico: **Salmo 139:14**
Materiales: Ninguno.

Lea esta historia en voz alta y dirija a los niños a hacer junto con usted los movimientos que se indican en paréntesis:

Dios nos ha dado muchas cosas buenas: nuestros ojos, nuestros oídos, nuestra nariz y nuestras piernas. Démosle gracias a Dios por todas estas cosas.

¡Miren! Veo un pajarito *(señale hacia arriba).*

¡Miren! Veo una perrito *(señale en otra dirección).*

Estoy contento porque Dios me ha dado ojos *(señale sus ojos).*

Vamos a subir una colina *(dé palmaditas lentamente sobre sus muslos).*

Y luego correremos hacia abajo *(dé palmaditas más rápido).*

Estoy contento porque Dios me dio piernas *(señale sus piernas).*

La hierba alta se mece con el viento *(una las manos y muévalas de un lado a otro).*

Oigo los sonidos *(coloque una mano detrás de su oreja).*

Estoy contento porque Dios me dio oídos *(señale sus orejas).*

¡Vaya, parece que huele a zorrillo! *(tápese la nariz con los dedos).*

Pero ahora ¡huelo una rosa! *(respire hondo).*

Estoy contento porque Dios me dio una nariz *(señale su nariz).*
¡Qué bueno! ¡Dios nos da todo! *(Palmotee).*
Estoy contento porque Dios me ha dado manos *(enseñe sus manos, alzándolas).*
Y me alegro especialmente por tener galletas y leche *(simule comer galletas y tomar leche).*
Mmmmm . . . ¡Que rico! *(frótese el estómago).*
Estoy contento porque Dios me dio una lengua *(señale su lengua).*
¡Gracias Dios, por todo! *(aplauda).*

19

Título: **Animales soñolientos**
Mejor para: **Niños pequeños**
Tema: **El arca de Noé**
Pasaje bíblico: **Génesis 6:9—8:22**
Materiales: Ninguno.

Repita las siguientes líneas, mientras los niños hacen junto con usted los movimientos indicados en paréntesis:

Dos monitos dormían en el arca *(acuéstese en el piso y cierre sus ojos),*
Dos monitos dormían en la obscuridad.
Noé palmoteó y dijo *(palmotee dos veces):*
"Es tiempo de levantarse y estirarse *(levántese y estírese).*
"Dios nos ha protegido. ¡Él es bueno y sabio!" *(Dé vueltas por el salón imitando los movimientos de los monos. Regrese al lugar de partida y siéntese nuevamente en el piso).*

Repita la estrofa sustituyendo la palabra mono y los movimientos por: canguros saltando, elefantes agitando sus trompas, serpientes deslizándose por el suelo, vacas caminando y mugiendo, asnos rebuznando, abejas volando y zumbando, y ranas saltando.

Concluya con la familia de Noé. En lugar de imitar animales, pida que los niños se reúnan en el centro del salón, se arrodillen, inclinen sus cabezas y unan las manos para orar.

20

Título: **Iglesia en una caja**
Mejor para: **Primero a sexto grados**
Tema: **La iglesia**

Pasaje bíblico: **1 Tesalonicenses 5:11**
Materiales: Caja de pañuelos desechables

Diga: **Observen lo que sucede cuando saco un pañuelito de esta caja. ¿Ven cómo el siguiente aparece detrás? ¿Piensan que el primer pañuelo hizo que el segundo saliera, o piensan que los que quedan dentro de la caja están sujetándolo para que no salga del todo?**

Ambas respuestas son correctas. Nuestras iglesias deben ser como la caja de pañuelos. Cuando las personas necesitan ayuda física, emocional o espiritual, debemos ayudarlas a levantarse. Al mismo tiempo otros pueden sostenerlos para que no vuelvan a caer.

La iglesia es como una caja de pañuelos. Cuando hay una tarea que hacer, varias personas pueden trabajar juntas (*saque varios pañuelos*) **y así podrán hacerlo más rápido. Cuando alguien sufre o está afligido, podemos tratarlos con suavidad, así como estos pañuelos son suaves.**

Seamos creyentes de esta manera. Levantemos y respaldemos a nuestros hermanos y hermanas en Cristo.

21

Título: **Un tarjeta de saludo para Dios**
Mejor para: **Preescolares**
Tema: **Día de los enamorados (o de la amistad)**

Pasaje bíblico: **Juan 3:16**
Materiales: Ninguno.

Diga: **Marisa se escondió detrás del baúl donde guardaba sus juguetes. Tenía en sus manos papel de color rojo, lápices de colores, pegamento y una tijera. Estaba haciendo una tarjeta de saludo para Dios, para llevarla a la iglesia como una sorpresa.**

—¿Marisa?—, llamó su mamá. Marisa trató de esconder los materiales.

—¿Qué estás haciendo?—, preguntó la mamá al entrar.

Cuando Marisa le explicó, su mamá le dio un abrazo.

—Eso está muy bien—, dijo. —Pero, ¿sabes que ya le has dado un mejor saludo a Dios? Cada vez que le cantas una canción, cuando

oras, o haces cosas para ayudar a otras personas, estás dándole a Dios algo mejor que una tarjeta de saludo.

Marisa sonrió.

—Dios te ha dado algo a ti también—, siguió la mamá.

Marisa la miró perpleja.

—Jesús es el regalo de Dios para ti—, explicó la mamá.

Marisa se quedó pensativa por un momento. Luego dijo: —Y es el mejor regalo que alguien pudiera dar.

Su mamá sonrió y dijo: —En esto tienes toda la razón.

22

Título: **Eres especial**
Mejor para: **Preescolares**
Tema: **Amistad**
Pasaje bíblico: **Proverbios 17:17**
Materiales: Ninguno.

Pida que los niños formen parejas. Indíqueles que deberán hacer los movimientos o acciones que usted indique. Haga pausas lo suficientemente largas como para que los niños completen las acciones:

Mira a un amigo y guiña un ojo.
Toma las manos de tu amigo y álzalas bien alto.
Mueve tus dedos y date una vuelta.
Dale una palmadita suave en la cabeza a tu amigo y después toca el piso.
Toca suavemente y con cariño la nariz de tu compañero.
Cierra los ojos y tócate los dedos de los pies.
Mira a tu compañero y dile: "Te quiero mucho."
Dile: "Jesús piensa que eres especial, y yo pienso eso también."

Ideas para ocasiones especiales

1

Temporada: **Adviento**
Título: **Aventura**

La temporada de adviento incluye los cuatro domingos previos al día de navidad. La que sigue es una buena idea para una noche de diversión para toda la familia en la noche del primer domingo de adviento (cuatro domingos antes de la navidad). Invite a la congregación entera de su iglesia, así como a otras personas en su vecindario o población, para prepararse para celebrar el nacimiento de Cristo.

Los participantes disfrutarán de una atmósfera festiva, con una variedad de actividades manuales. Algunas manualidades son muy sencillas de modo que hasta los preescolares puedan participar por sí solos, mientras que otras, más detalladas y complejas, están diseñadas especialmente para los adultos.

Si es apropiado y conveniente en su localidad, venda "entradas" a un precio simbólico (una cantidad que todo mundo pueda pagar, incluso las familias muy numerosas. Puede fijar el precio, por ejemplo, un peso por persona, con una cantidad máxima de cinco pesos por familia.) El número de boletos vendidos hasta una fecha límite fijada de antemano le permitirá adquirir los materiales y hacer los preparativos adecuados son suficiente tiempo. Nombre o pida voluntarios para que coordinen y organicen las diversas actividades, y que se responsabilicen por conseguir otros voluntarios para que arreglen los quioscos, las exhibiciones, limpien y recojan la basura, dirijan las diversas actividades, y ayuden en lo que sea necesario.

Las siguientes son algunas ideas para los quioscos o casetas:

• **Refrescos:** Alimentos ligeros, refrescos, café y té para los participantes.

• **Manualidades sólo para adultos:** Guirnaldas de adviento, o pequeñas escenas navideñas, pesebres y portales hechos a mano, representando el nacimiento de Jesús.

• **Recursos:** Materiales impresos gratuitos para repartir. También venta de libros cristianos que ayuden a las familias en sus devocionales de adviento (Algunas librerías cristianas pueden ofrecerse para arreglar y atender esta venta; en otros casos las librerías pueden darle los libros a consignación).

• **Cadena bíblica:** Materiales para que los niños hagan una cadena de 25 eslabones de papel, cada uno con un versículo bíblico escrito.

Llevándola a casa, la familia reunida sacará de la cadena un eslabón por día y leerá el pasaje bíblico escrito allí. Esto lo harán desde el 1° al 25 del mes.

• **Otras manualidades:** Decoración de bolsas para regalos, decoración de papel para regalos, arbolitos de navidad hechos de dulces ensartados en palillos de dientes, y estos a su vez colocados en un cilindro de espuma plástica, guirnaldas de palomitas de maíz, banderines con motivos navideños, ángeles de tela o cartulina, etc.

Al final de la actividad reúna a todos los asistentes en el salón apropiado o en el santuario, para cantar canciones de navidad. Los niños pueden cantar solos una o dos canciones, pero lo primordial es que sea un tiempo de adoración conjunta. Para concluir eleve una oración en voz alta, y distribuya velas pequeñas. Encienda solo la vela que usted tiene en las manos. Apague las luces, y mientras cantan "Noche de Paz," encienda la vela de las dos personas que están más cerca a usted, a ambos lados. Estas, a su vez, encenderán las velas de las personas que tienen cerca, y así sucesivamente hasta que todos tengan sus velas encendidas. Será prudente colocar las velas en un "candelero" de cartulina, para evitar que alguien se queme con la cera derretida.

2   *Temporada:* **Después de las fiestas**
Título: **Festival para la familia**

Esta actividad se puede llevar a cabo en cualquier época del año, aunque se la recomienda para el mes de febrero, cuando las festividades de navidad y año nuevo ya han quedado atrás. Invite a que participen todas las familias con niños.

Comience la reunión con la siguiente actividad introductoria: Pida que cada familia busque y encuentre otra familia con la cual tengan algunas cosas en común, como por ejemplo el mismo número de hijos o el mismo tipo de mascota, etc.

Después de 30 ó 40 minutos de juegos varios, eleve una oración e invite a los presentes a sentarse para disfrutar de una cena de tallarines. En las mesas debe haber solamente vasos y servilletas de papel. Entonces los que sirven la comida traerán a la mesa y para cada persona un babero desechable, un guante desechable de plástico y un plato de tallarines. Después de la sorpresa inicial todos disfrutarán comiendo con los dedos enfundados en el guante plástico. (Si esto no es aceptable en su región o situación, puede usar cubiertos regulares o desechables. No obstante, considere hacer la prueba).

Después de la cena presente un devocional familiar, y jueguen juegos que involucren a las familias como unidades. Por ejemplo, realice una carrera en la cual ambos padres deben alzar a sus niños en posición horizontal y correr llevándolos hasta el lugar donde se encuentra una cesta de pelotas de ping-pong, de la cual el niño tomará una pelota. Los padres entonces regresarán corriendo todavía llevando al niño en posición horizontal, para poner la pelota en otra cesta, ubicada en el punto original del recorrido.

3

Temporada: **Todo el año**
Título: **Árbol para todo el año**

Use esta idea para una cartelera que dure todo el año.

Recubra la cartelera de anuncios con papel azul. Si su iglesia o salón de reuniones no tiene una cartelera apropiada, busque un sector en una pared, donde la vea todo mundo, y fije allí el papel azul como fondo. Entonces prepare y coloque la silueta de árbol, con su tronco y sus ramas hechos con los tubos interiores del papel sanitario o toallas de papel, cortados a lo largo por la mitad, y pegándolos en el papel.

Decore este árbol según la ocasión especial de la temporada o la estación. En los países en que se dan las cuatro estaciones, puede hacer lo siguiente:

• **Invierno:** Ponga papel blanco en la parte superior de cada rama, de manera que simule nieve. Pida que los niños escriban peticiones de oración en copos de nieve hechos de papel blanco, y fíjelos en la cartelera o sobre el papel en la pared.

• **Primavera:** Retire los copos de nieve y añada a su árbol hojas verdes y botones de flores rosados o blancos. Haga tulipanes de papel de color y colóquelos en la parte inferior del árbol. Puede hacer siluetas de flores que se den en su región o en la temporada. Los niños pueden escribir en cada tulipán o flor una manera en que quieren crecer este año.

• **Verano:** Llene su árbol con muchas hojas verdes grandes. Puede colocar retratos de los niños en cada hoja. Esto les encantará. Al final de la estación puede entregar las hojas y los retratos a cada niño para que los lleven a sus casas.

• **Otoño:** Recorte hojas en papeles de diversos colores, como las hojas del otoño, y pida que los niños escriban en cada hoja una cosa por la cual están agradecidos. Pegue las hojas en el árbol que está en la cartelera.

4

Festividad: **Navidad**
Título: **Celebración de navidad**

Como celebración del verdadero significado de la navidad lleve a los niños a un viaje misterioso en busca del Niño Jesús. Haga arreglos de antemano. Si puede llevar a los niños en una caminata por el vecindario, pida que dos o tres familias de la iglesia pongan sobre su puerta de entrada un rótulo que diga "mesón." Los niños se detendrán allí para preguntar si acaso José y María se han hospedado en ese mesón. También puede pedir que alguna familia ponga un rótulo que diga "hospital," en donde igualmente los niños preguntarán si Jesús ha nacido allí. Puede realizar esta actividad usando diferentes salones y los pasillos de la iglesia, si le es más conveniente.

Después de estos intentos fallidos de encontrar a María, a José y al Niño Jesús, lleve a los niños hasta el lugar donde ha preparado un establo rústico. Allí habrá otros niños disfrazados de pastores, que presentarán una dramatización breve e improvisada de la historia del nacimiento de Jesús.

Esta actividad les dará a los niños una experiencia memorable del verdadero significado a la ocasión que se está celebrando.

5

Festividad: **Navidad**
Título: **Drama de navidad**

Durante el mes de diciembre los niños pueden preparar este programa navideño y luego presentarlo ante los padres y otros adultos.

A comienzos del mes de diciembre enseñe a los niños canciones navideñas y anímelos a decorar el salón de clase. Ayúdelos a hacer estrellas de papel dorado, haciendo una muy grande, y a colgarlas del techo. Diríjalos a que hagan figuras de cartón de María y José. Una caja de cartón decorada servirá como pesebre, y un muñeco representará a Jesús. Para esta actividad es necesario designar (o dibujar) tres puertas en diferentes lugares del salón. Coloque la escena del nacimiento cerca de la tercera puerta.

Los niños pueden ayudar a preparar parte de su vestimenta. Cada uno necesitará un collar de hilo, que tenga cascabeles, y también una diadema de ángel en la cabeza. Haga estas diademas con una tira de cartón, forrada con papel plateado. Pueden usar una bata de baño como disfraz o una sábana como túnica.

Enseñe a los niños los versos y estribillos que se indican más abajo, y practique con ellos antes del día del programa.

El día de la celebración diga para empezar: **Vamos en hacer un viaje navideño muy especial.**

Los niños deben entrar al salón diciendo en voz alta: "Hace mucho, mucho tiempo, un ángel vino a María, y le dijo: María, vas a tener un bebé." Deben dirigirse a la primera puerta, llamar y preguntar: "¿Hay aquí lugar para alojarnos?"

Una voz responderá: "No; no hay lugar aquí."

Entonces los niños se dirigen a la segunda puerta diciendo: "María viajó hasta Belén montando en un burrito. Junto con ella fue su esposo, José." Entonces deben tocar a la puerta y preguntar: "¿Hay lugar para nosotros aquí?"

La voz contestará: "No; no hay lugar aquí."

Entonces los niños deben caminar hasta la última puerta repitiendo: "¿Podemos entrar en su posada para descansar? Los pies ya nos duelen de tanto caminar."

Otro niño debe abrir la última puerta. Detrás de ella hay más niños que deben decir: "¡Aquí sí hay lugar! ¡Entren! ¡Entren!" Los niños harán sonar los cascabeles y cantar "Navidad, navidad" (Una versión de este canto dice: "Cascabel, cascabel"). Al finalizar la canción los niños deben decir: "Jesús ha nacido. Feliz cumpleaños, Jesús. Te queremos mucho Jesús."

Concluya la actividad con la congregación cantando un canto de navidad conocido. Si es conveniente, sirva refrescos y reparta un pastel de cumpleaños para Jesús.

Festividad: **Navidad**
Título: **Regalo de amor**

La siguiente es una manera en que sus niños pueden poner en práctica el verdadero significado de la navidad, y ser de bendición para los niños necesitados.

• **Proyecto de regalos de navidad:** Sus niños pueden dar una gran alegría a los niños recluidos en orfanatos o en los hospitales de beneficencia pública.

Pida que los niños traigan un juguete, nuevo o usado, según las condiciones locales. Si es nuevo, debe ser de poco costo. Si es usado, el juguete debe estar en buenas condiciones. Si decide usar juguetes usados dedique una reunión, con anticipación, para limpiarlos y arreglarlos. Luego los niños deben envolver como regalos los juguetes que han traído. Si el papel regalo es muy costoso en su región, puede usar papel periódico. Use lana o estambre en vez de cinta de colores. Repasen y preparen varias canciones de navidad. Pida que un niño mayor que sepa leer bien se prepare para leer en la Biblia la historia del nacimiento de Jesús. Use la Versión Popular. Otros niños mayores pueden preparar breves explicaciones de lo que verdaderamente significa la navidad.

Luego los niños irán como grupo a un orfanato u hospital seleccionado de antemano, y presentarán su programa y repartirán los regalos a los niños allí recluidos. En algunos casos en muy posible que haya niños para los cuales ese sea su único regalo en esa navidad.

Temporada: **Semana Santa**
Título: **Domingo de Ramos**

Sus niños experimentarán el entusiasmo del Domingo de Ramos con esta actividad que los invita a participar.

Dirija a los niños para que hagan ramos o palmas de papel periódico. Deben enrollar el papel periódico, y luego cortar parcialmente franjas longitudinales en la parte superior a modos de ramos o palmas. Pueden ponerse ropa usada a modo de mantos o túnicas.

Lleve a los niños a un jardín u otro lugar puertas afueras. Pídales que se formen en dos hileras, mirándose unos a otros. Debe dejar una distancia de aproximadamente un metro y medio entre fila y fila. Pida que un adulto miembro de la iglesia se vista como Jesús y camine en medio de las filas, mientras los niños cantan alabanzas y canciones que hablen de la Semana Santa y del Domingo de Ramos. Instruya a los niños a que coloquen en el suelo sus palmas y sus vestidos en el suelo para que Jesús camine sobre ellos.

Luego que Jesús haya pasado hasta el final de las dos filas los niños deben regresar a sus respectivas clases. Los maestros entonces deben leer Lucas 19:28-44. Dirija a los niños a comentar y dialogar sobre el pasaje bíblico, y cómo se sintieron cuando Jesús pasó por en medio de ellos.

Festividad: **Día de los abuelos**
Título: **¡Vivan los abuelos!**

La siguiente es una forma especial para rendir homenaje a los miembros de más edad de su iglesia, o celebrar el día de los abuelos.

Cada familia debe traer galletas, dulces o frutas para preparar una canasta de homenaje especial para los abuelos. Ponga una variedad de estos artículos en bolsitas pequeñas decoradas. Luego ponga todas las bolsitas en una canasta especial, y póngale encima una tarjeta que exprese cuánto aprecia la iglesia a los abuelos y personas mayores.

En el día de la celebración o el día de los abuelos, comience al culto con un niño leyendo un poema dedicado a los abuelos. Los niños pueden cantar canciones preparadas para la ocasión. Luego deben entregar a cada abuelo una bolsita decorada llena de las golosinas que han traído.

Festividad: **Día de la Independencia**
Título: **Desayuno bíblico**

Celebre el Día de la Independencia con un desayuno bíblico. Sirva un desayuno antes de la Escuela Dominical, para mostrar a los niños el tipo de desayuno que los israelitas pudieron haber comido después de que Dios los llevó a la tierra prometida. Los niños recordarán para siempre esta experiencia multisensorial.

Mientras más prepare usted el local, mejor. Ponga mesas bajas, de manera que los niños puedan sentarse en el piso (tablas o tableros sobre ladrillos sirven bien). Si lo desea, puede poner manteles. Si le es posible, use jarras de barro como adorno. Si tiene platos y vasos de barro, eso también añadirá el efecto deseado.

Consiga la colaboración de adultos y jóvenes, de modo de tener un mesero por cada mesa. Pídales que se vistan a la usanza de las épocas bíblicas, y que expliquen cómo el alimento que están sirviendo se relaciona con la Biblia. Los que sirven pueden relacionar la libertad que los israelitas acababan de obtener, con la libertad que nosotros tenemos en Cristo.

El que sigue es un ejemplo para el menú:
- Pan: Éxodo 12:14-20 (Preferentemente, pan sin levadura, si es posible conseguirlo o prepararlo).
- Miel: Proverbios 24:13 (Sírvala con una cuchara).
- Leche: Jueces 4:19 (Sírvala en tazas o en vasos desechables).
- Higos: Proverbios 27:18 (frescos o secos).
- Uvas: Deuteronomio 23:24 (frescas o en pasas).
- Tortas: 1 Samuel 30:11-15 (Use galletas de dulce).

10   *Festividad:* **Día de la Independencia**
Título: **Museo bíblico viviente**

Los niños pueden preparar esto como parte de la celebración del Día de la Independencia, y al mismo tiempo aprender respecto a algunos personajes bíblicos. Algunas iglesias realizan un día de campo, un paseo a un parque o una reunión especial aprovechando este día feriado.

Con dos semanas de anticipación cada niño debe escoger un personaje bíblico y preparar un reportaje de una página de largo sobre ese personaje. Anime a los niños a que investiguen algo sobre su personaje escogido: ¿Dónde vivía? ¿Quiénes eran su familia? ¿Por qué él o ella es importante? ¿Cuál es una de las cosas más destacadas que hizo y por la cual la Biblia lo menciona?

Una semana antes de la reunión consiga diversos materiales que pudieran necesitarse, como por ejemplo sábanas viejas, cuerda, ropas usadas. Los niños deberán usar estos materiales para hacer un disfraz que represente al personaje que han seleccionado. Luego deben usar otros materiales para preparar el escenario en que representarán a sus personajes. Si lo desea, realice un ensayo de práctica con anterioridad.

El día de la reunión prepare el museo. En diferentes lugares del lugar donde se realizará la actividad los niños pueden preparar sus escenarios y vestirse de acuerdo al personaje que han seleccionado. Jacob pudiera decir su informe subido al tercer peldaño de una escalera de mano. Juan el Bautista pudiera sentarse dentro de una caja de cartón grande y poner su cabeza a través de un agujero en una pared de la caja. Sansón pudiera estar atado a dos palos que representen las columnas. En cada exhibición ponga en un sitio visible un papel con un botón rojo bien grande dibujado, y con la leyenda: *Oprima el botón.* El resto de asistentes deberán dirigirse a las diferentes exhibiciones, y oprimir el "botón" para poder escuchar el informe sobre ese personaje bíblico.

Festividad: **Día de la Madre**
Título: **Almuerzo para las madres**

Ayude a sus niños a rendir homenaje a las madres en su día con un almuerzo el sábado anterior a la fecha de celebración (Generalmente el mismo domingo se reserva para reuniones familiares íntimas. Algunas iglesias celebran cultos especiales y sirven después una comida. Si es así, puede usar esta idea para esa comida). Anime a los niños a traer el almuerzo especial a sus madres, tías, abuelas y hermanas mayores.

Haga que los mismos niños preparen las invitaciones. Pueden hacerlas en pedazos de cartulina, tarjetas de archivador o en hojas pequeñas de papel recortado. Pueden dibujar y colorear diversos diseños, y escribir la invitación. Luego deben entregarlas a sus invitadas, con dos semanas de anticipación.

Asimismo, en sus respectivas clases cada niño puede hacer de papel o cartulina dos mantelitos individuales: uno para su invitada y otro para sí mismos. Use papel o cartulina tamaño carta.

En la noche del viernes los niños de toda edad pueden ayudar a preparar los alimentos. Seleccione un menú sencillo y en el que los niños puedan participar, por ejemplo: ensalada de atún, ensalada de frutas, refrescos y helados (nieve).

Consiga algunos grupos o conjuntos que canten o toquen música durante el almuerzo. Es mejor conseguir adultos para que sirvan la comida, de modo que los niños puedan estar con sus invitadas. Después del almuerzo, dirija a todos el grupo a cantar algunos cantos alusivos a la ocasión, presente una lección objetiva, y dirija algunos juegos, si lo desea.

Para concluir pida que los niños se pongan de pie, por turno, y presenten a la persona que invitaron y que digan por qué esa persona es muy especial para ellos. Concluya con una oración de acción de gracias.

12 — Temporada: **Verano**
Título: **Juegos olímpicos de verano**

Prepare nueve estaciones:

1. Carrera a Jerusalén. Los niños participan en una carrera, corriendo descalzos, montados en caballitos de palo.

2. Bibliatón. Los niños colocan en orden los libros de la Biblia. (Cada libro de la Biblia estará escrito en un pedazo de cartón o papel).

3. David y Goliat. Los niños usan una honda (catapulta) para lanzar confites de malvaviscos, a un blanco señalado.

4. Alimentando a los cinco mil. Los niños tratan de romper una servilleta de papel en la mayor cantidad de pedazos que puedan (fije el límite de tiempo).

5. Camino a Damasco. Los niños se sientan en una tabla de patinar mientras otros los halan tirando de una cuerda.

6. ¿Fuerte como Sansón? Por turno los niños tratan de mover un objeto pesado tirando de una cuerda anudada a ese objeto.

7. Noé necesita ayuda. Los niños hacen una carrera para ver cuántos animalitos de peluche o felpa pueden llevar de una caja a otra usando los extremos de dos palos de escoba.

8. Feliz Cumpleaños, Jesús. Los niños se turnan para tratar de apagar una vela con una pistola de agua, disparando de cierta distancia.

9. Pesca. Los niños pescan peces de cartón. Recorte varios peces de cartulina o cartoncillo. Clave un alfiler en cada pez. Como caña de pescar use una rama o un palo de escoba recortado por la mitad, y átele en el extremo un hilo o cuerda. En el otro extremo del hilo ate un imán pequeño.

Otorgue una cinta de premio al ganador en cada categoría, y al que ganó más competencias, en cada grupo de edad. Luego premie a todos los participantes con un dulce, paleta o caramelo y refrescos.

13

Festividad: **Día de Acción de Gracias**
Título: **Nuestro sacrificio de acción de gracias**

En los países en donde no se celebra oficialmente el Día de Acción de Gracias se puede usar esta actividad en cualquier época, especialmente cuando la iglesia o grupo quiere o decide dedicar un día especial para agradecer a Dios. En esta actividad los niños de la iglesia dirijen y participan en un culto de adoración infantil en su iglesia. Puede ser parte del culto regular de adoración el domingo o el miércoles, bien sea antes o después del Día de Acción de Gracias. Sus niños se entusiasmarán al participar en este culto de adoración.

Con dos semanas de anticipación pida a los niños que piensen en algo por lo cual están especialmente agradecidos a Dios. Informe a los padres respecto a esta actividad especial que se está planeando, de manera que se aseguren de estar presentes.

Con una semana de anticipación ayude a los niños a preparar algo que represente aquello que han seleccionado como algo especial por lo cual dar gracias. Pueden hacer un dibujo, escribir unas cuantas frases, o preparar un modelo en papel. Un canto o poema original pueden ser muy útil para que algunos niños expresen su agradecimiento.

Pida que la persona que dirige el culto lea un pasaje bíblico apropiado para la ocasión, tal como el Salmo 107:22. Entonces los niños deben pasar al frente con los artículos que han preparado, mientras el coro o la congregación entona himnos apropiados para la ocasión. Luego los niños deben colocar sus ofrendas de acción de gracias al pie del altar o en el lugar designado para el efecto. Luego deben quedar de pie y en actitud de oración. Invite a los adultos a unirse a los niños pasando al frente para elevar una oración especial de acción de gracias. Esta oración puede hacerla el pastor o la persona que está dirigiendo el culto.

Los objetos quedan en el altar y los niños y adultos regresan a sus asientos.

Notas

Manualidades

1

Título: **Figuras de colores de cera**
Mejor para: **Preescolares**
Pasaje bíblico: **Apocalipsis 21:5**

Materiales: Pedazos de colores de cera, latas pequeñas vacías (de sopa, tomates, frutas, etc.), sartén eléctrico, agua, aceite de cocina o manteca (también puede usar sustituto aerosol), moldes pequeños para dulces o galletas, bolsitas plásticas y una Biblia.

Preparación: Prepare y coloque en su lugar los materiales.

• Al principiar la actividad coloque las latas vacías en el sartén eléctrico lleno de agua y póngalo a calentar. Pida que los niños separen y junten por color los pedazos de colores de cera, y que les quiten el papel que los recubre (¡Los niños tal vez se sorprendan de que usted en realidad quiere que le quiten el papel!). Luego colóquelos de acuerdo al color en latas separadas en el sartén para que se derritan.

• Engrase ligeramente los moldes. Luego vierta en los moldes la cera derretida, y déjelos para que se enfríen.

• Cuando la cera se haya enfriado y endurecido, saque los nuevos lápices de colores, con sus figuritas diversas. Guárdelos en las bolsitas plásticas.

Lea el pasaje bíblico y hable sobre cómo Dios puede tomar cosas y vidas estropeadas y hacerlas nuevas otra vez. Explique que algún día Dios hará una nueva tierra y un nuevo cielo donde nosotros podremos vivir junto a Él.

2

Título: **Mosaico de la creación**
Mejor para: **Preescolares**
Pasaje bíblico: **Isaías 40:28**

Materiales: Una Biblia, cinta ancha adhesiva de pintor (Puede usar de la que sirve para embalaje), cartulina, objetos naturales diversos tales como hojas, hierba, flores, piedritas, arena, semillas, etc.

Preparación: Para cada niño corte un pedazo como de 25 cm de largo de cinta adhesiva ancha. Luego prepare pedazos de cartulina un poco más grandes que el pedazo de cinta. Pegue sobre la cartulina la cinta adhesiva, con el lado del pegamento hacia afuera. Doble las puntas hacia abajo y presiónelas contra la cartulina para fijar la cinta. En una bandeja aparte coloque los objetos que Dios ha hecho.

Diga: **Coloquen los objetos en las cintas para hacer un mosaico de cosas creadas por Dios.**

Mientras los niños trabajan lea Isaías 40:28 (use la Versión Popular) y hable sobre cómo nuestro Dios maravilloso ha hecho tantas cosas para nosotros.

3
Título: **Hagamos una escena de la resurrección**
Mejor para: **Jardín de infantes a sexto grado**
Pasaje bíblico: **Lucas 24:1-12**

Materiales: Una Biblia, un metro (o un yarda) de plástico transparente (disponible en los almacenes de telas) marcadores permanentes de diferentes colores, cinta adhesiva y tijeras. Si es necesario, consiga también varias camisas viejas de adulto.

Preparación: Para esta actividad pida que los niños vengan con ropa vieja que no se arruine si se mancha con los colores de los marcadores. Si algún niño o niña viene con ropa dominguera, póngale encima una camisa vieja, para protegerle la ropa.

Ponga el plástico transparente sobre una mesa y sujételo por las esquinas con cinta adhesiva, o póngale algún objeto en los bordes para mantenerlo en su lugar. Lea la historia de la resurrección que se halla en Lucas 24:1-12. Use la Versión Popular, especialmente con los niños más pequeños. Destaque quiénes son los personajes que intervienen en el relato. Con palabras descriptivas pinte una imagen verbal para los niños, describiendo con detalles cómo debe haberse visto la tumba, el paisaje en el huerto, y a quienes vinieron a ver el cuerpo de Jesús.

Para empezar la actividad, diga a los niños:

• Trabajen en conjunto para dibujar en el plástico transparente una escena de la resurrección, usando los marcadores. Deben decidir quién hará el dibujo de Jesús, quiénes dibujarán la tumba y así sucesivamente, hasta que todas las partes importantes de la historia estén dibujadas en el plástico. Cada persona dibujar algo.

• Una vez que hayan concluido el dibujo deben recortar la sección general de cada dibujo. Entonces, mientras yo leo nuevamente la historia de la resurrección, deben colocar sus dibujos en la ventana de la clase (o en una pared del salón, si no hay ninguna ventana disponible), de manera que puedan volver a formar la escena de la resurrección.

Al terminar la lectura bíblica pregunte: **¿Cómo piensan que se sintieron las mujeres cuando vinieron a la tumba y no pudieron encontrar a Jesús? ¿Cómo se hubieran sentido ustedes? ¿Cómo se sienten al saber que Jesús venció la muerte? El poder que levantó a Jesús de entre los muertos es mayor que cualquier poder en la tierra, incluyendo la dinamita o una bomba atómica. ¿Hay algún problema en sus vidas que necesita el poder de Dios para poder vencerlo?**

Pida que los niños se retiren un poco de la ventana (o de la pared) donde crearon la escena para que puedan disfrutar de la escena completa. Concluya con una oración, dándole gracias a Dios por su poder para vencer cualquier obstáculo.

Título: **Guirnaldas de la familia**
Mejor para: **Quinto y sexto grados**
Pasaje bíblico: **Efesios 6:1-4**

Materiales: Manzanas, cuchillo afilado, moldes chicos para cortar galletas, hilo o lana, agujas, trozos de cartón y una Biblia.

Preparación: Corte las manzanas en rebanadas de un centímetro de grosor. Aliste los materiales.

Diga:

• Usando los moldes para cortar galletas saquen de la manzana una figura por cada persona en sus familias.

• Ahora, pasen con la aguja el hilo, con todo cuidado, y de un lado a otro de cada figura que hayan cortado.

• Una vez que tengan todas las figuras de "la familia" en el hilo, coloquen la guirnalda sobre un pedazo de cartón para llevársela a casa. Deben colocarlas en un lugar seco, fresco y oscuro hasta que las manzanas se oreen y sequen.

Lea el pasaje bíblico y luego pregunte: **¿Por qué piensan que Dios nos ha colocado en familias? ¿Qué es lo mejor que tiene en particular tu familia? ¿Cómo puedes mostrar tu aprecio a los demás miembros de tu familia durante esta semana?**

5

Título: **Redes de pesca**
Mejor para: **Preescolares**
Pasaje bíblico: **Mateo 4:18-20**

Materiales: Tijeras, cartulina de colores (incluyendo azul), cajas o tapas de cajas, canicas (bolas de cristal), tazones, pintura blanca tipo al temple (témpera), lápices de colores o marcadores, pegamento y una Biblia.

Preparación: Corte la cartulina azul de modo que pueda caber en el fondo de las cajas o las tapas. Escriba los nombres de los niños en el reverso de la cartulina, una por niño. Recorte siluetas de peces de diferentes cartulinas de color.

Diga a los niños:

• Coloquen su papel en una caja con el color azul hacia arriba. Luego humedezcan una canica en la pintura blanca y pónganla dentro de la caja sobre el papel.

• Inclinen luego la caja hacia atrás, hacia adelante, y hacia los lados, de modo de que la canica ruede y haga diseños tipo red de pescar. Pueden volver a humedecer la canica con la pintura varias veces más o si quieren pueden usar más de una canica, de manera que se formen más líneas. Después deben sacar el papel y esperar a que se seque.

• Seleccionen varios peces. Pueden colorearlos o añadirles ojos. Después deben pegarlos en las "redes" secas.

Lea en voz alta Mateo 4:18-20 y explique el significado de la promesa de Jesús de hacer que sus discípulos sean "pescadores de hombres."

6

Título: **Tarjetas de pisadas**
Mejor para: **Preescolares**
Pasaje bíblico: **Isaías 9:6 y Romanos 10:15**

Materiales: Cartulinas color rojo y verde tamaño carta, un tazón con pintura blanca al temple (témpera), una esponja, un balde con agua limpia y toallas.

Diga a los niños:

• Doblen su cartulina por la mitad, de manera que quede como una tarjeta.

• Después de que yo humedezca la esponja en la pintura, hagan un puño con la mano y opriman la parte de abajo del puño contra la esponja. Luego pongan sobre la primera página de la tarjeta la parte de la mano que tiene la pintura. Muevan la mano apretando primero la parte de la muñeca y luego hacia la parte de los dedos, y así dejarán en el papel una huella de una pisada.

• Ahora, mojen la punta de un dedo en la pintura, y pongan dedos encima de la "pisada" para que parezcan las huellas de los dedos de los pies.

• Después de que la pintura se haya secado, les ayudaré a escribir: "Porque nos ha nacido un niño," de Isaías 9:6, en la parte de adentro de sus tarjetas.

• Pueden hacer cuantas tarjetas quieran, y después les ayudaré a que las firmen. Entonces pueden dárselas a sus amigos o familiares en la navidad.

Una vez que los niños hayan terminado de hacer sus tarjetas pregunte: **¿Cómo puede un niño ser buenas nuevas para una familia? ¿Cómo es que el Niño Jesús es buenas nuevas para el mundo entero? En Romanos 10:15 Dios dice que las personas que llevan buenas nuevas tienen pies hermosos. Las buenas nuevas son que Jesús vino al mundo. ¿A quién le llevarán buenas nuevas con las tarjetas que han hecho?**

7

Título: **Frascos de escarcha (brillo)**
Mejor para: **Jardín de infantes a segundo grado**
Pasaje bíblico: **Génesis 1:31**

Materiales: Frascos pequeños con tapa (los de alimento para bebés son excelentes), flores artificiales pequeñas (sin los tallos), plastilina, escarcha (brillo) y esmalte de uñas.

Preparación: Ponga sobre la mesa los materiales.

Diga a los niños:
• Pongan un pedazo de plastilina en la parte de adentro de la tapa del frasco, oprimiéndolo para que se quede pegado.
• Ahora, pongan las flores en la plastilina.
• Llenen el frasco con agua, casi hasta el borde. Entonces échenle un poquito de escarcha (brillo).
• Ahora pónganle la tapa con cuidado.
• Con el esmalte de uñas, pinten el borde de la tapa junto al vidrio. Esto sellará la tapa para que no se salga el agua. Dejen que el esmalte se seque.
• Muevan el frasco para comprobar que esté bien sellado. Luego agítenlo suavemente y pónganlo con la tapa hacia abajo. La escarcha (brillo) brillará al moverse en el agua.

Pregunte: **¿Cómo se sintieron al construir un pequeño mundo que brilla y reluce? ¿Cómo piensan que se sintió Dios cuando hizo el mundo? Génesis 1:31 dice que Dios vio todo lo que Él había hecho y que todo era bueno. ¿Qué hay de bueno en tu frasquito? ¿Qué piensas que hay de bueno la creación de Dios?**

8

Título: **Mariposas brilliantes**
Mejor para: **Jardín de infantes a segundo grado**
Pasaje bíblico: **2 Corintios 5:17**

Materiales: Pegamento, papel encerado, una tapa de una caja, escarcha (brillo), hilo de pescar (sedal, nilón), tachuelas y una Biblia.

Preparación: Ponga los materiales sobre la mesa.

Diga a los niños:

• En la hoja de papel encerado dibujen con el pegamento una figura sencilla de una mariposa (Muestre en la pizarra cómo se hace una silueta sencilla de una mariposa). Asegúrense que el centro de su mariposa está llena de pegamento. Después les ayudaré a hacer las orillas de las secciones de las alas, de suficiente espesor (por lo menos dos centímetros).

• Salpiquen sobre el pegamento la escarcha (brillo) de diferentes colores, asegurándose que el pegamento queda cubierto por completo. Levanten cuidadosamente el papel encerado y echen de nuevo en la caja lo que sobra de la escarcha (brillo), para poder usarlo en otra ocasión.

• Pongan a un lado el papel encerado durante varios días para que el pegamento y la escarcha (brillo) se sequen bien. Cuando ya esté completamente seco, las figuras de las mariposas se podrán sacar del papel.

• Les ayudaré a pasar un hilo transparente en cada mariposa, y así las podrán colgar del cielo raso con una tachuela, y así las mariposas podrán volar con la brisa.

Lea en voz alta 2 Corintios 5:17. Pregunte: **¿Qué hace que un gusano se convierta en mariposa? ¿En qué sentido es la mariposa una nueva criatura? ¿Qué hace que nosotros seamos nuevas criaturas en Cristo? ¿Qué hay en una persona que muestra que es una nueva criatura en Cristo?**

Concluya con oración, dándole gracias a Dios por la nueva vida que está a nuestra disposición mediante la muerte y resurrección de Jesús.

9

Título: **Delantal pintado a mano**
Mejor para: **Preescolares**
Pasaje bíblico: **Efesios 6:1**

Materiales: Tijeras, muselina o cualquier tela apropiada de algodón, cinta doble para los bordes, pintura para telas, marcadores permanentes y una Biblia. Materiales para limpiarse las manos.

Preparación: Para cada niño corte un delantal de muselina o la tela que haya conseguido, tamaño para adulto. Hágale un dobladillo en todo el borde, y luego cosa en su lugar la cinta para bordes para los tirantes que van en el cuello y en la cintura.

Diga a los niños:

• Sumerjan sus manos en la pintura acrílica e impriman sus huellas en el centro del delantal. Díganme si necesitan ayuda.

• Escriban su nombre con el marcador, cerca de la mano. Si necesitan ayuda para escribir su nombre me lo dicen.

• El delantal terminado se lo darán a su mamá (o al papá si a él le gusta cocinar). Dejen que la pintura se seque bien antes de empacarlo y entregarlo.

Después de que los niños hayan terminado de hacer lo delantales lea el pasaje bíblico y pregunte: **¿Cómo te muestra tu mamá** (o tu papá) **que te quiere? ¿Cómo muestra Dios que Él te quiere? ¿Cómo le va a mostrar a tu mamá** (papá) **que la quieres?**

10

Título: **Jonás y el mar rugiente**
Mejor para: **Tercero a sexto grado**
Pasaje bíblico: **Jonás 1:1-14**

Materiales: Botellas plásticas vacías (de soda o bebida gaseosa, de 2 litros) con sus tapas, agua, colorantes para alimentos verde y azul, aceite vegetal, una taza de medir, tapas plásticas de plástico semitransparente (se usan en los envases de algunos alimentos), tijeras, marcadores permanentes, papel de aluminio, conchas pequeñas y cinta adhesiva.

Preparación: Antes de la clase use agua tibia para quitar las etiquetas de las botellas.

Diga a los niños:

• Cada uno debe llenar su botella con agua, pero no totalmente. Pónganle agua hasta un poco más arriba de la mitad. Añadan unas pocas gotas de colorante para alimentos y un cuarto de taza de aceite vegetal.

• Usando las tapas de plástico recorten figuras de peces y una figura de Jonás, que puedan pasar por el cuello de la botella. Decoren las figuras usando los marcadores.

• Con el papel de aluminio hagan bolitas y otras figuras, y luego pónganlas junto con las conchas dentro de las botellas.

• Usando la cinta adhesiva aseguren las tapas para que no se abran.

• Con la botella acostada, háganla rodar o sacúdanla para que parezca el mar rugiente, con Jonás nadando para salvar su vida.

En sus propias palabras haga un resumen de Jonás 1:1-14. Pregunte: **¿Cómo piensan que se sintió Jonás cuando lo echaron al agua? ¿Cómo hubieran ustedes orado si hubieran sido Jonás? ¿Ha estado alguno de ustedes alguna vez en una situación que parecía sin esperanza, y ha orado al respecto? Expliquen. ¿Cómo Dios contestó la oración?**

11
Título: **Campanillas de hojas al viento**
Mejor para: **Jardín de infantes a sexto grado**
Pasaje bíblico: **Génesis 2:9**

Materiales: Plastilina de modelar del tipo que se endurece, rodillos de amasar, hojas de plantas de diferentes tamaños y formas, cuchillos de mesa, clavos grandes, papel encerado, pintura al temple (témpera), brochas pequeñas y pinceles, laca o barniz de secado rápido, cuerda o tiras finas de cuero, y palitos redondos largos o colgadores para ropa.

Preparación: Ponga los materiales sobre la mesa.

Diga a los niños:
• Aplasten una bola de plastilina con el rodillo.
• Pongan una hoja sobre la plastilina y pásenle el rodillo nuevamente, para imprimir en la plastilina el diseño de la hoja.
• Con un cuchillo de mesa recorten la figura de la hoja.
• Usando un clavo grande, en un extremo de la hoja hagan un agujero del grueso de un lápiz. Coloquen las hojas en el papel encerado y déjenlas secar. (Si desea acelerar el proceso de secado, y puede conseguir acceso a un horno, coloque las hojas como por tres horas en un horno calentado como a 200 grados farenheit ó 95 grados centígrados).
• Repitan este proceso hasta que cada uno tenga cuatro o cinco hojas.
• Cuando las piezas estén completamente secas, píntenlas con la pintura. Esperen que la pintura seque y dénle un acabado de brillo con la laca o barniz de secado rápido.
• Sujeten las hojas a un palito redondo o en un colgador de ropa, con hilo o tiras de cuero de diferentes tamaños, separando las hojas a una distancia de unos dos centímetros una de la otra, de manera que el viento las haga sonar.

Pregunte: **¿Por qué hizo Dios las hojas? Génesis 2:9 dice que Dios hizo toda clase de árboles hermosos. ¿Cómo puede esta campanilla de hojas al viento recordarnos las cosas bellas que Dios ha hecho?**

12
Título: **Galletas de amor**
Mejor para: **Jardín de infantes a sexto grado**
Pasaje bíblico: **Juan 15:17**

Materiales: Galletas suaves en forma de corazón, alambre delgado suave (se puede usar el que se usa para arreglos florales), alicates para cortar el alambre, cinta roja de 1 cm de ancho, plástico transparente de cocina o papel celofán, y una Biblia.

Preparación: Corte el alambre en pedazos de como 20 cm de largo. Corte la cinta en pedazos de como 20 cm de largo. Prepare el plástico transparente o celofán en pedazos de como 15 cm de largo y como de 30 cm de ancho.

Diga a los niños:
• Cada uno debe tomar una galleta y un pedazo de alambre.
• Pongan la galleta en medio del plástico (o celofán).
• Doblen el alambre por la mitad, y metan las puntas en la parte de abajo de la galletita. El corazón debe quedar derecho cuando se lo levanta por medio del alambre.
• Envuelvan la galleta con el papel plástico transparente (o celofán), y junten el resto del papel por la parte de abajo del corazón, junto al alambre, y sujétenlo con la cinta.
• Dénle la galleta a una persona a quien quieren.

Pregunte: **¿Cuál es una persona a quien quieres mucho? En Juan 15:17 Jesús les habló a sus discípulos diciendo: "Esto, pues, es lo que les mando: Que se amen unos a otros." ¿Piensan que siempre es fácil amarnos los unos a otros? ¿Por qué sí o por qué no? Démosle gracias a Dios por la familia y los amigos que Él nos ha dado para amar.**

13

Título: **Etiquetas de fideos**
Mejor para: **Jardín de infantes a segundo grado**
Pasaje bíblico: **Mateo 16:17-18**

Materiales: Pegamento, palillos de dientes, fideos de letras, marcadores de colores e imperdibles (alfileres de seguridad).

Preparación: Ponga los materiales sobre la mesa.

Diga a los niños:
• Peguen cinco palillos de dientes uno al lado del otro.
• Mientras se seca el pegamento, cada uno debe buscar las letras de fideos para formar su nombre. Coloréenlas usando los marcadores
• Peguen luego su nombre sobre los palillos.
• Entonces, en la parte de atrás de los palillos peguen un imperdible (alfiler de seguridad).

Diga: **En Mateo 16:17-18 Jesús le cambia el nombre a Simón. Ahora le llama Pedro. El nuevo nombre de Pedro significa "roca." ¿Cuántos de ustedes saben el significado de sus nombres?** Permita que los niños respondan. Si puede conseguir un libro que da el significado de los nombres, lea el significado de los nombres de otros niños.

Diga: **De la misma forma en que Jesús ayudó a Pedro a ser "una roca fuerte" para la iglesia, de esa misma manera Dios nos ayuda a ser todo lo que Él quiere que seamos.**

14

Título: **Cooperación**
Mejor para: **Preescolares y jardín de infantes**
Pasaje bíblico: **Eclesiastés 4:9**

Materiales: Una Biblia, retazos de telas, banditas elásticas (ligas, liguillas), cintas, pegamento, ojos móviles para juguetes, pequeños pompones de lana o de hilo negro como de dos centímetros de diámetro, y bolitas de algodón.

Preparación: Arregle seis lugares de trabajo, según se explica a continuación.

Lea Eclesiastés 4:9 en voz alta. Luego diga: **Hoy vamos a trabajar juntos para hacer algo especial para cada uno de nosotros. Trabajar juntos se llama cooperar.**

Prepare seis estaciones de trabajo, y divida a los niños de modo que cada estación tenga más o menos el mismo número de niños. El trabajo debe empezar en la estación 1 y luego pasarlo a la estación 2, y así sucesivamente. Cada estación hará su tarea correspondiente: 1) enrollar un retazo de tela de como 15 x 15 cm de ancho y largo, 2) poner una bandita elástica (liga) en el centro del rollo de tela, 3) poner y atar sobre la liga una cinta de como 30 centímetros de largo, 4) pegar los ojos movibles en la parte superior del rollo de tela, 5) pegarle un pompón como nariz entre la cinta y los ojos, 6) pegar una bolita de algodón en la parte de atrás y en la parte inferior del rollo.

Cuando los conejitos estén terminados ate uno en la muñeca de cada niño, usando el resto de la cinta. Al atar el conejito en cada niño, dígale: **Tú trabajaste junto con los demás niños para hacer estos conejitos. Eso quiere decir que tú has cooperado.**

15

Título: **Tapitas magnéticas**
Mejor para: **Preescolares**
Pasaje bíblico: **Mateo 18:10**

Materiales: Círculos de cartón (puede usar tapas de galones plásticos de leche, en los lugares en donde se usan éstos), de unos 3 cm de diámetro, figuras adhesivas, revistas para recortar cuadros, (o retratos pequeños de los niños, si es posible conseguirlos), tijeras, imanes pequeños, pegamento apropiado y una Biblia.

Preparación: Arregle los materiales sobre la mesa.

Dé a los niños las siguientes instrucciones:

• Hoy vamos a hacer un adorno magnético. Cada uno debe escoger un cuadro de una revista (o usar su retrato, si lo han traído). Entonces debe recortarlo del tamaño del círculo de cartón que tiene. Después debe ponerle un poco de pegamento en el reverso y pegarlo encima del círculo de cartón.

• Ahora deben poner en el otro lado del círculo de cartón un poco de pegamento, y pegarle encima un imán.

• Lleven a su casa su adorno magnético y pónganlo en la puerta del refrigerador o en algún otro sitio visible en donde pueda quedarse pegado, para que todos lo vean.

Diga: **Sus padres estarán muy contentos de tener esos adornos, por cuanto ustedes son importantes para ellos. Ustedes también son importantes para Dios.** Lea Mateo 18:10 y luego diga: **Dios tiene ángeles que los cuidan a ustedes en todo momento.**

16

Título: **La corbata de mi papá**
Mejor para: **Jardín de infantes a tercer grado**
Pasaje bíblico: **Éxodo 20:12 y Salmo 103:13**

Materiales: Cartulina de colores, tijeras, una perforadora para papel, lana o estambre, marcadores, una plantilla de cartón en forma de corbata (que quepa en una hoja tamaño carta), y una Biblia.

Preparación: Corte suficientes pedazos de lana de unos 60 cm de largo, de manera que cada niño tenga uno. Con la plantilla dibuje corbatas en las cartulinas de colores.

Diga a los niños:

• Hoy vamos a hacer una tarjeta creativa para el Día del Padre (o para los abuelos u otro adulto).

• Cada uno debe tomar una corbata de cartulina y recortarla.

• Ahora decoren sus corbatas para que se parezcan a las que usan sus papás. En la parte de atrás escriban una nota, deseándole un feliz día.

• Perforen dos agujeros en la parte de arriba de la corbata.

• Ahora pasen una hebra de lana por los dos agujeros y anuden juntas las puntas de la lana. Asegúrense de que el lazo de la lana pueda pasar cómodamente por la cabeza de un hombre mayor.

Diga: **En Éxodo 20:12 Dios nos dice que debemos honrar a nuestros padres. Honrar significa que debemos respetarlos, prestarles atención y obedecerles. Darle a papá un regalo especial es una manera de honrarle. ¿Cuáles son otras maneras en que podríamos honrar a nuestros padres en el Día de los Padres? ¿Qué cosa quisieran hacer para honrar a sus padres en este día? En el Salmo 103:13 Dios dice que Él es como un padre que es tierno con sus hijos. Vamos a desearle a Dios un feliz día de los padres, dándole las gracias por habernos dado a nuestros padres.**

17

Título: **Diademas personales**

Mejor para: **Preescolares**

Pasaje bíblico: **Proverbios 22:1**

Materiales: Cartulina de color, tijeras, marcadores, etiquetas engomadas, una Biblia, cinta adhesiva o una grapadora.

Preparación: Corte la cartulina en tiras de unos 5 cm de ancho; una los extremos de modo que las tiras tengan como unos 50 ó 60 cm de largo. Escriba el nombre de cada niño en una tira, y luego distribúyalas.

Instruya a los niños, diciéndoles:

• Las cintas que les he dado tienen escrito el nombre de cada uno de ustedes. Decórenla con los marcadores y las figuritas engomadas.

• Ahora colóquense la cinta alrededor de la cabeza, como diadema, y luego yo sujetaré las puntas para que queden fijas (use la grapadora o la cinta adhesiva).

Estas diademas son una manera divertida de recordar los nombres de cada niño, y pueden usarlas cada vez que vengan a la clase. Además, a los niños les encantará usarlas.

Lea el pasaje bíblico y pregunte: **¿Qué quiere decir la Biblia cuando dice: "un buen nombre"** (versión RVR)**? ¿Por qué es de tanta importancia tener un buen nombre o una buena reputación? ¿Podemos perder nuestro buen nombre? ¿Qué podemos hacer para asegurarnos de nunca perderlo?**

18

Título: **Animales de papel**

Mejor para: **Jardín de infantes a tercer grado**

Pasaje bíblico: **Génesis 1:20-23, 26-28.**

Materiales: Platos desechables (dos para cada niño), tijeras, pegamento, colores, plumas y una Biblia.

Diga a los niños:

• Hoy vamos a hacer un pajarito. Doblen sus platos por la mitad, y luego córtenlos en la mitad. En una de las mitades del plato dibujen la cabeza de un pajarito, y luego recórtela (En la parte plana del plato dibuje la figura de un huevo, con la parte gruesa hacia el centro del plato. La parte más delgada del huevo quedará hacia la esquina del plato, formando ángulo con la parte recta. Esto será el pico del pájaro). En la cabeza del pajarito dibujen el pico y el ojo, y coloréenla. Luego coloreen la otra mitad del plato, para que sirva del cuerpo del pajarito. Peguen la cabeza del pájaro al cuerpo, en una de las esquinas, y de modo que el corte recto quede hacia arriba. Luego peguen una pluma al cuerpo, para que sirva como el ala del pajarito.

• Ahora hagamos un pescado. Tomen otro plato y recorten el borde, pero dejen sin cortar un buen pedazo en un lado, para que sirva de cola del pescado. De la parte que recortaron del borde, corten una sección como de cuatro dedos para que sirva como la aleta del pez. Luego dibújenle un ojo y una boca, coloreen el pez y péguenle la aleta en un costado, verticalmente y hacia atrás.

Lea Génesis 1:20-23 en voz alta y luego pregunte: **¿Cómo se sintieron al hacer estos animales? ¿Cómo piensan ustedes que se sintió Dios cuando hizo los peces y los pájaros? Lea Génesis 1:26-28 en voz alta y luego pregunte: ¿Qué quiere decir que el hombre "tendrá poder sobre los peces y las aves"? ¿Cómo podemos cuidar de los pájaros y peces que Dios ha creado?**

19

Título: **Espirales al viento para Pentecostés**
Mejor para: **Jardín de infantes a sexto grado**
Pasaje bíblico: **Hechos 2:1-4**

Materiales: Pizarrón y tiza (gis), cartulina de colores (puede usar papel grueso), lápices, tijeras, papel celofán de colores, marcadores, cintas, lana o estambre, tachuelas, ventilador, y una Biblia.

Preparación: En el pizarrón dibuje un cuadrado y en él dibuje un espiral, empezando con una circunferencia en el centro y luego ampliando los círculos cada vez más hasta llegar al borde, dejando cuatro o más centímetros entre círculo y círculo. Los niños recortarán la cartulina por esa línea, de modo de tener una sola tira larga, que servirá como el espiral al viento.

Dé las siguientes instrucciones:
• Copien en sus cartulinas el espiral que ven en el pizarrón.
• Empiecen a cortar el espiral desde el borde de afuera, y corten siguiendo la línea hasta llegar al centro.

• Decoren sus espirales con el papel celofán, cintas y marcadores.

• Aten un pedazo de lana al extremo del centro de sus espirales. Luego, con una tachuela cuélguenlos del techo. (Apunte el ventilador hacia los espirales de viento, y enciéndalo). Observen cómo los espirales se mueven con el viento del ventilador.

Lea Hechos 2:1-4 en voz alta. Luego diga: **Después de que Dios resucitó a Jesús de entre los muertos, envió al Espíritu Santo en el día de Pentecostés. Por medio del Espíritu Santo Dios está presente en cada creyente. En el libro de Hechos el Espíritu Santo ayudó a los creyentes para que hablaran idiomas que no sabían. ¿Cómo puede el Espíritu Santo ayudarnos ahora? Vamos a llevarnos a nuestras casas el espiral de viento para Pentecostés que hemos hecho, como recordatorio de la presencia del Espíritu Santo en nuestras vidas.**

20 Título: **Corazones frágiles**
Mejor para: **Jardín de infantes a sexto grado**
Pasaje bíblico: **Efesios 4:32**

Materiales: Alambre delgado y suave, palomitas de maíz (canguil), cintas, tijeras y una Biblia.

Preparación: Corte el alambre en pedazos de unos 50 cm de largo, y ponga los materiales sobre la mesa.

Diga a los niños:

• Tome cada uno un alambre. Entonces ensarten con cuidado las palomitas de maíz en el alambre, hasta llenarlo. Dejen unos dos dedos de alambre libres en cada punta.

• Ahora, unan las puntas y denle un par de vueltas apretadas, para que no se separen. Ahora, con cuidado, denle forma de corazón a su aro de palomitas de maíz.

• Pongan un pedazo de cinta en la parte de arriba del corazón, para decorarlo. Pueden hacer un lazo o moño con la cinta.

Pida que los niños observen los corazones que han hecho, y luego pregunte: **¿Son estos corazones muy fuertes o muy frágiles? Frágil quiere decir que se puede romper fácilmente. ¿Qué sucedería si alguien se para sobre estos corazones? ¿Qué sucede cuando decimos cosas feas a otras personas, y lastimamos sus sentimientos?** Lea Efesios 4:32 en voz alta y luego pregunte: **¿Cómo podemos tratar a los demás de modo de tener en cuenta que sus corazones son frágiles?**

21

Título: **Adornos de popurrí**
Mejor para: **Tercero a sexto grados**
Pasaje bíblico: **2 Corintios 2:15**

Materiales: Una Biblia, tapas delgadas de frascos, de unos 5 cm de diámetro (puede usar círculos de cartón), fragancias de popurrí o similar (aserrín u hojas fragante), pegamento, cinta delgada, tela o papel.

Diga a los niños:

• Pongan un poco de pegamento en un lado de las tapas (o círculos de cartón). Asegúrense de que toda la tapa tenga pegamento.

• Peguen ambos extremos de la cinta sobre la tapa, de modo que forme un lazo que sirva para colgar el adorno.

• Ahora cubran con popurrí toda la tapa, de lado que tiene el pegamento. Déjenlo secar.

• Recorten de tela o del papel un círculo un poco más grande que su tapa, y luego péguenlo en el reverso de la tapa.

Lea el texto bíblico en voz alta y después pregunte: **¿Cómo huele tu adorno de popurrí? ¿Qué significa que somos "como el olor del incienso que Cristo ofrece a Dios"? ¿Cómo piensas que "huele" tu fe en Cristo ante las personas que te rodean? ¿Muy fragante, poco fragante o no tiene fragancia? ¿Cómo podemos ser muy fragantes para Cristo en nuestras escuelas, nuestras casas o cuando jugamos?**

Diga: **Usa el adorno para acordarte de que Jesús desea que seamos como Él.**

22

Título: **Libro de recuerdos**
Mejor para: **Preescolares**
Pasaje bíblico: **Romanos 8:28**

Materiales: Papel blanco tamaño carta, lápices, lápices de colores, un cartapacio de anillos (carpeta), perforadora para papel, y una Biblia.

Cuando lleve a su clase a alguna excursión especial, o tienen algún invitado especial, o en cualquier otra actividad que sea especial, prolongue la experiencia haciendo un *Libro de recuerdos*. Estos libros mantendrán fresca en la memoria de los niños la actividad o experiencia que tuvieron. Los libros de recuerdos también sirven como obsequios de agradecimiento a los invitados especiales que han tenido en la clase.

Diga:

• Hagan un dibujo que muestre lo que más o mejor recuerdan, o lo que más les gustó de la experiencia que tuvimos hoy. Después yo les ayudaré para escribir una explicación de lo que representa cada dibujo.

• Luego perforaremos agujeros en uno de los lados de la hoja, y los pondremos en nuestro *Libro de recuerdos.*

Diga: **Escuchen lo que dice la Biblia sobre las cosas que nos suceden.** Lea Romanos 8:28 y luego diga: **Dios nos da muchas cosas buenas. Hoy tuvimos un día muy especial y hemos hecho un libro para recordarlo. Cada vez que miremos el libro podremos darle gracias a Dios por el buen tiempo que tuvimos.**

23

Título: **Cinta de oración**
Mejor para: **Jardín de infantes a sexto grado**
Pasaje bíblico: **Mateo 6:9-13**

Materiales: Una Biblia, y para cada niño un juego de pedazos de cinta de los siguientes colores: azul, blanco, violeta, verde, amarillo, rojo, anaranjado y dorado, de unos 10 cm de largo si es posible (puede usar tiras de papel de colores, y usar pegamento o cinta adhesiva).

Preparación: Aliste los materiales. Para el Padre Nuestro se sugiere que use la versión Reina Valera, puesto que se trata de memorización. Por supuesto, siempre puede usar su versión favorita de la Biblia, según su preferencia.

Esta actividad esta diseñada para ayudar a los niños a memorizar el Padre Nuestro. Usando Mateo 6:9-13 pida que los niños junten y aten sus cintas siguiendo el orden de la oración.

Diga:

• Azul es el color de los padres. Digan: "Padre nuestro que estás en los cielos," al tomar la cinta azul.

• El blanco representa la santidad. Al atar en un extremo la cinta blanca digan: "Santificado sea tu nombre."

• El violeta es el color de la majestad. Digan: "Venga tu reino. Hágase tu voluntad," al atar la cinta violeta en el extremo de la cinta blanca.

• El verde es el color de la tierra. Digan: "Como en el cielo, así también en la tierra," mientras anudan la cinta verde al extremo de la cinta violeta.

• El amarillo nos recuerda el trigo. Digan: "El pan nuestro de cada día, dánoslo hoy," al atar la cinta amarilla al extremo de la cinta verde.

• El rojo nos recuerda la sangre de Jesús. Cuando confiamos en Jesús, Él nos perdona. Digan: "Y perdónanos nuestras deudas, como también nosotros perdonamos a nuestros deudores," mientras atan la cinta roja a la amarilla.

• El anaranjado representa la maldad y la tentación. Digan: "Y no nos metas en tentación, mas líbranos del mal," mientras atan la cinta anaranjada al extremo de la cinta roja.

• Y el color dorado nos recuerda el reino celestial de Dios donde Él reina para siempre. Digan: "Porque tuyo es el reino, y el poder, y la gloria, por todos los siglos. Amén," al atar la cinta dorada al extremo de la cinta anaranjada.

• Ahora, usemos las cintas para repetir juntos la oración completa.

Después pregunte: **Según esta oración, ¿sobre qué cosas desea Dios que oremos? ¿Qué actitud desea Dios que tengamos al orar? ¿Qué podemos aprender en esta oración acerca de Dios? Usen esta cinta para practicar esta oración. Aten la cinta alrededor del cuello y llévenla a casa como un recordatorio para acordarse de orar todos los días.**

24

Título: **Barcos de vela**
Mejor para: **Jardín de infantes a sexto grado**
Pasaje bíblico: **Hechos 27**

Materiales: Una Biblia, y para cada niño: una bandeja y un tazón de postre desechables de espuma plástica (puede usar bandejas y tazones de cartón; o incluso hacerlos, de ser necesario), un carrete de hilo vacío, una pajita para beber (sorbete, pitillo) o una ramita delgada y recta, y cartulina o cartoncillo recortado en forma de vela y de una bandera de barco.

Preparación: De ser posible haga los arreglos necesarios para que los niños puedan hacer flotar sus barquillos en algún estanque, piscina o lago. Si su clase es pequeña puede usar la tina del baño. Corte una vela triangular y una bandera triangular de cartulina para cada niño.

Diga a los niños:

• Tomen una bandeja y un tazón de postre. En el interior de la bandeja, y en la mitad de ella, peguen el tazón boca abajo, para hacer la cabina del barco.

• Peguen el carrete de hilo encima y en el centro del tazón.

• Coloquen el sorbete dentro del carrete, para que sirva de mástil. Si es necesario, empujen el sorbete para que perfore el fondo del tazón, pero cuiden que no se salga perforando la bandeja.

• Peguen una vela y una bandera en el mástil.

Lleve a los niños al lugar donde van a hacer flotar los barquitos. Después de que los hayan hecho flotar relate la historia de Hechos 27 sobre el viaje de Pablo. Luego pregunte: **¿Cómo piensan que se sintieron Pablo y los marineros en medio de la tormenta? ¿Cómo cuidó Dios de la gente que estaba en el barco? ¿Cuáles son algunas "tormentas" o cosas desagradables que amenazan con "hundir" nuestras vidas? ¿Cómo podemos aprender a confiar en Dios durante estas tormentas?**

25

Título: **Adornos de platos de papel**
Mejor para: **Primero a tercer grado**
Pasaje bíblico: **Eclesiastés 3:1**

Materiales: Una Biblia, platos desechables de unos 20 o 25 cm de diámetro, tijeras, cartulina de color o papel de empaque de color, pegamento, perforadora para papel, cinta o lana, plantillas de cartón según la figura que estén haciendo (enero: copos de nieve; febrero: corazones; marzo/abril: flores, conejitos, cruces o huevos; setiembre/octubre/noviembre: hojas de otoño, manzanas o calabazas; diciembre: árboles de navidad, campanas o ángeles (adapte o cambien las figuras según su situación local). Las plantillas deben ser de unos 5 cm de alto.

Diga a los niños:

• Lo que se va a usar es el círculo del borde del plato. Recorten la parte central del plato, de manera que les quede entera la parte del borde.

• Tomen la cartulina de color o el papel de color, y háganle varios dobleces. Luego tracen el dibujo según la plantilla o molde, y corten la figura dibujada. Al terminar, encontrarán que han cortado varias figuras a la vez. Usen diferentes formas y colores de papel para hacer la guirnalda más interesante.

• Peguen las figuras esparcidas en el aro que les ha quedado del plato, para hacer su propia guirnalda festiva.

• Luego perforen un agujero en la parte de arriba de la guirnalda, y pasen por ese agujero una hebra de lana o cinta, y anúdenla para que forme un lazo que sirva para colgar la guirnalda.

Pregunte: **¿En qué se parece la guirnalda que cada uno ha hecho a la temporada que estamos celebrando?** Lea en voz alta Eclesiastés 3:1 y luego pregunte: **¿Por qué celebramos ésta temporada? ¿Qué cosas son especiales en esta temporada y por las cuales podemos dar gracias a Dios?**

26

Título: **Arte aerosol**
Mejor para: **Preescolares**
Pasaje bíblico: **Salmo 65:9-10**

Materiales: Botellas con bomba aerosol (pulverizador), limpiador líquido de amoníaco (amonia), agua, colorantes para alimentos, soga (cuerda), alfileres, papel para carteles (pliegos de papel periódico), delantales para pintar (o camisas viejas de los papás) y una Biblia.

Preparación: Con anticipación pida que cada familia de los niños provea una botella con bomba aerosol usada pero que esté funcionando. Pida que los niños vengan con ropas que puedan ensuciarse, o de lo contrario que traigan una camisa vieja del papá, a fin de protegerse la ropa. Lave las botellas con limpiador líquido de amoníaco, para eliminar cualquier residuo de lo que contenían. Llene cada botella con agua y unas pocas gotas de colorante de alimentos, poniendo un color diferente en cada botella. Si la botella no es transparente, péguele encima un pedazo de papel del color del líquido que contiene.

Sujete una soga o cuerda entre dos árboles o postes afuera del salón, como a un metro del suelo. Cuelgue allí hojas grandes de papel de periódico, sujetándolas con alfileres. Asegúrese de que los niños tengan ropa que se puede manchar o que usan delantales o una camisa vieja, para proteger su ropa.

Diga a los niños:

• Escoja cada uno un hoja de papel y una de las botellas de aerosol con agua coloreada.

• Oprimiendo la bomba aerosol, lancen el agua coloreada a la parte de arriba de su hoja de papel.

• Usen otros colores para llenar el resto de sus hojas. Los colores correrán y se mezclarán formando diseños hermosos llenos de color.

• Cuando hayan terminado sus pinturas yo las sacaré y las pondré sobre la hierba para que se sequen. Luego pondremos otra hoja de papel, para que ustedes puedan hacer otra obra maestra.

Lea Salmo 65:9-10 y luego diga: **Nos hemos divertido creando lindas pinturas con agua. ¿Quién manda el agua desde el cielo para que las plantas crezcan? Así como es divertido pintar con aerosol y agua, démosle gracias a Dios por la forma en que Él riega nuestro mundo precioso.**

27

Título: **Mosaicos artísticos**
Mejor para: **Jardín de infantes a sexto grado**
Pasaje bíblico: **1 Corintios 12:12-31**

Materiales: Una hoja de cartulina de color (tamaño carta) para cada niño, pegamento, cinta adhesiva, tijeras, grapadora, y una perforadora. También lana o estambre, escarcha (brillo), papel de aluminio, papel celofán, papel de colores, telas de colores, cinta, plumas, sorbetes (pajitas de beber), algodón, ramitas, semillas, papel de lija, botones, tapas de botellas, fideos crudos de distintos tipos, arroz, granos, cereales, es decir, cualquier cosa que se pueda pegar a la cartulina.

Preparación: Aliste los materiales.

Diga a los niños:

• Usen su imaginación. Decidan cuáles y cuántos objetos van a pegar en sus papeles, y en qué posición quieren pegarlos, a fin de crear un mosaico artístico. (Los niños mayores pueden usar las tijeras, la perforadora y otros materiales más complejos.)

• Peguen o fijen en el papel con cinta adhesiva los objetos que han escogido, y en el lugar que han escogido.

• Recuerden que se trata de crear un mosaico artístico personal. Ningún trabajo estará equivocado.

Pregunte: **¿Qué hace que cada mosaico artístico sea diferente a los demás? En 1 Corintios 12:12-31 Pablo dice que cada persona tiene diferentes dones, pero todos formamos "un cuerpo," y que debemos usar nuestros dones para preocuparnos los unos por los otros. ¿Qué sabes hacer muy bien? ¿Cómo puedes usar ese don para ayudar a alguien?**

28

Título: **Corazones de felicitación**
Mejor para: **Preescolares**
Pasaje bíblico: **Jeremías 31:3**

Materiales: Papel blanco, cartulina de colores, lápices, marcadores de varios colores, tijeras, lana roja, cinta adhesiva, pegamento, perforadora para papel y una Biblia.

Preparación: Dibuje dos corazones grandes en una hoja de papel blanco. Escriba en cada corazón: "Dios te ama y yo también." Puede usar una copiadora para duplicar los corazones. Luego recorte un corazón para cada niño, y la misma cantidad de corazones en cartulina roja, del mismo tamaño. Corte lana roja de unos 40 ó 50 cm de largo.

Diga a los niños:

• Cada uno tome un corazón blanco y pasen los marcadores del color que deseen sobre las letras. Luego peguen el corazón rojo en la parte de atrás del corazón blanco.

• Ahora hagan agujeros alrededor del borde, como a un dedo de distancia de la orilla, y dejando un dedo de separación entre hueco y hueco.

• Ahora, comenzando en la punta del corazón, pasen la lana roja por los huecos. Al final hagan un lazo con lo que sobre de la lana.

Lea el texto bíblico y luego pregunte: **¿Qué cosas nos ha dado Dios, que muestran que Él nos ama? ¿A quién puedes mostrarle que le quieres mucho dándole este corazón que has hecho?**

29

Título: **Dibujos escondidos**
Mejor para: **Primero a sexto grado**
Pasaje bíblico: **Marcos 4:21-23**

Materiales: Papel grueso o cartoncillo, tiza de colores, pintura lavable negra (al agua), agua, tazones desechables pequeños, clavos o presillas de papel enderezadas parcialmente, brochas pequeñas, y una Biblia.

Preparación: Ponga un poco de pintura lavable negra en varios tazones desechables pequeños, y en cada uno añada una gota de jabón líquido. Aliste los materiales.

Diga a los niños:

• Pinten totalmente su hoja de papel o cartoncillo con las tizas de colores. Procuren poner una capa gruesa sobre el papel.

• Ahora pinten completamente la hoja con pintura negra, encima de la capa de color que ya han pintado. Dejen que la pintura se seque.

Una vez que todo se haya secado, diga: Usando un clavo (o presilla de papel) tracen un dibujo raspando encima de la superficie negra. No aplasten demasiado el clavo, sino solo lo suficiente como para raspar la pintura negra, y que aparezcan los hermosos colores con que pintaron las hojas.

Lea en voz alta Marcos 4:21-23. Pregunte: **¿Qué piensan que quería decir Jesús cuando habló de cosas escondidas? ¿Cómo nos ayudará Jesús a ver esas cosas escondidas? ¿En qué se parece el papel negro a saber lo que Jesús quiere que sepamos? ¿En que forma nuestro cuadro se parece o no a saber lo que Jesús quiere que sepamos? ¿Cómo podemos oír mejor a Jesús?**

30

Título: **Tarjetas para el Día de los enamorados (de la amistad)**

Mejor para: **Jardín de infantes a sexto grado**

Pasaje bíblico: **1 Juan 4:7-11**

Materiales: Cartulina de colores o cartoncillo (puede usar papel grueso de colores), lápices, tijeras, pegamento de escarcha (brillo), lentejuelas, papeles de colores, marcadores, revistas y pegamento. (Si es fácil conseguir en su localidad, consiga esponja de 1 cm. y recorte corazones de diferentes tamaños, tazones pequeños desechables con pintura al temple (témpera) de diferentes colores.

Preparación: Aliste los materiales.

Diga: Vamos a hacer tarjetas para el día de los enamorados (de la amistad, o del amor), y vamos a dárselas a personas a quienes queremos.

• Tome cada uno una cartulina y dóblela por la mitad, de manera que forme una tarjeta. (Si tiene los corazones de esponja y la pintura, indíqueles que mojen un lado de la figura de esponja, muy poco, en la pintura, y que luego la opriman suavemente contra la cartulina, y entonces la levanten, imprimiendo así cuantos corazones quieran. Luego deben dejar que la pintura se seque).

• En cartulina dibuje cada uno el contorno de su mano y recórtelo. Luego decórenlo usando el pegamento de brillo, lentejuelas y marcadores. Luego escriban allí leyendas apropiadas, como por ejemplo: "Te quiero mucho," o "Con esta mano date una palmadita en la espalda. Con todo cariño" (ayude a los niños que lo necesiten).

• Recorten varios corazones de diferentes tamaños en papel o cartulina de color (puede usar los anuncios de mucho color en las revistas), y péguenlos en el frente de la tarjeta para hacer un mosaico de corazones.

Pregunte: **¿Qué nos recuerda el día de los enamorados (o de la amistad) que debemos hacer? En 1 Juan 4:7-11 Dios nos dice que debemos amarnos los unos a los otros de la misma manera como Él nos ama. ¿Cómo nos ha mostrado Dios su amor? ¿Cómo puedes tú mostrar el amor de Dios hacia los demás?**

Juegos

1

Título: **Avalancha**
Mejor para: **Tercero a sexto grados**
Nivel de movimiento: **Alto**
Materiales: Llantas (gomas) de automóvil, papel periódico (para carteles o pliegos grandes), o pizarrón y tiza (gis), marcadores y una Biblia.

Si tiene una clase grande forme equipos de doce niños o más, y si es pequeña forme uno solo. Déle a cada grupo una llanta. Al dar la señal para empezar cada equipo debe tratar de lograr que todos sus participantes se suban a la llanta y se mantengan allí hasta contar hasta cinco. (¡No permita que los equipos se den por vencidos!).

Después del juego déle a cada equipo papel para carteles y marcadores. Cada grupo debe buscar, y anotar, cuántas frases puedan para completar la siguiente frase: "Para evitar la avalancha de personas que se caían de la llanta tuvimos que . . . ."

Algunas de las respuestas que podrían dar son: "apretarnos unos a otros," "creer que lo podíamos hacer," "intentarlo una vez más," "pedir ideas de los demás," "trabajar en grupo," o "encontrar el equilibrio."

Pida que cada equipo lea su lista. Luego pregunte: **¿En qué se parecen las cosas que señalaron en sus listas a lo que tenemos que hacer para ser la clase de iglesia que Dios quiere que seamos? ¿Qué ocurre en la iglesia si alguien se niega a hacer alguna de estas cosas?**

Lea Romanos 15:1-7 en voz alta (use la Versión Popular). Luego concluya en oración pidiendo a Dios que ayude a su grupo para que poner en práctica estos versículos en sus vidas.

2

Título: **Costal de pelotas**
Mejor para: **Jardín de infantes a sexto grado**
Nivel de movimiento: **Alto**
Materiales: Pelotas grandes (de fútbol, voleibol, básquetbol, etc.), un costal (saco) de cáñamo y cuerda fuerte.

Este juego es excelente para aglutinar al grupo.

Ponga cinco o seis pelotas grandes en un costal de cáñamo; mientras más pelotas, mejor. Amarre firmemente la boca del costal. La idea del juego es que los niños traten de mantener el costal en el aire. Cuando se cansen de jugar estando de pie pídales que se acuesten en el suelo haciendo un círculo con los pies tocándose unos a otros. Entonces deben tratar de mantener el saco en el aire usando solo los pies.

Título: **Rompecabezas bíblico**
Mejor para: **Jardín de infantes a segundo grado**
Nivel de movimiento: **Bajo**

Materiales: Papel, pegamento, cuadros a colores recortados de revistas u otras fuentes, un marcador, una Biblia, tijeras y sobres.

Busque cuadros que en su opinión les gustarán a los niños y péguelos en hojas de papel, uno por hoja. En el reverso escriba un versículo bíblico. Luego córtelo en pedazos grandes de forma de las piezas de un rompecabezas, y coloque todas las piezas en un sobre. Haga un rompecabezas para cada niño.

Cuando lleguen los niños déle a cada uno un sobre, y pídale que arme el rompecabezas. Luego que los hayan armado, dígales que le den la vuelta boca abajo, y que vuelvan a colocar en su lugar las piezas que se separaron. Ayude a los más pequeños a leer los versículos.

Los niños no solo se divertirán al armar los rompecabezas sino que también aprenderán los versículos bíblicos.

Título: **Voleibol bíblico**
Mejor para: **Quinto y sexto grados**
Nivel de movimiento: **Moderado**

Materiales: Una Biblia, pizarrón, tiza (gis), borrador, un globo y dos premios.

Use este divertido juego para ayudar a sus niños a memorizar pasajes bíblicos.

Escriba un pasaje bíblico en el pizarrón. Forme dos equipos y pídales que se coloquen en lados opuestos de una mesa, línea o cordel. Lance un globo inflado a un equipo para que éste a su vez lo pase al equipo contrario. Cada grupo puede darle solo tres golpes o menos al globo para enviarlo al lado opuesto.

Si el globo cae al suelo o toca la mesa, el equipo en el lado donde está el globo debe leer el versículo bíblico. Cada vez que se lee el texto borre una palabra del pizarrón. Continúe hasta que uno de los equipos tiene que repetir el versículo entero de memoria.

Después déle a cada grupo un premio por ser buenos competidores.

Título: **Búsqueda a ciegas**
Mejor para: **Jardín de infantes a sexto grado**
Nivel de movimiento: **Alto**
Materiales: Una venda para los ojos.

Haga que los niños formen un círculo y se tomen de la mano. Póngale una venda sobre los ojos a un niño o niña, y colóquelo en el centro del círculo. Hágale dar varias vueltas y luego dígale que tiene que caminar y tratar de tocar a una persona en el círculo. Los niños que están en el círculo deben tratar de evitar ser tocados, pero no deben soltarse las manos. El que sea tocado debe reemplazar al "ciego" dentro del círculo, y el juego comienza de nuevo.

Título: **Lenguaje corporal**
Mejor para: **Jardín de infantes a tercer grado**
Nivel de movimiento: **Moderado**
Materiales: Ninguno.

Forme varios equipos o pida que los niños trabajen juntos en un solo grupo grande.

Diga una letra del alfabeto. Los niños deben trabajar en conjunto para acostarse en el suelo formando con sus cuerpos la letra que usted mencionó. Todos deben participar para formar la letra; nadie puede ser simplemente espectador. Con niños más grandes diga palabras o frases sencillas, dependiendo del tamaño y edad del grupo. Otra variación es pedir que los niños mismos escojan las letras o palabras que quieren formar con sus cuerpos.

Relacione este juego a su lección, pidiendo a los niños que mencionen cosas que Dios ha hecho y que comienzan con esa letra o libros de la Biblia cuyo nombre empiece con esa letra. También se puede pedir que los niños deletreen por medio de este juego las palabras del versículo asignado para memorizar. Les encantará esta nueva forma de memorizar la Biblia.

Título: **Globo que rebota**
Mejor para: **Tercero y cuarto grados**
Nivel de movimiento: **Moderado**

Materiales: Tarjetas de archivador (como de 10 x 15 cm; puede usar papel recortado), marcadores y un globo.

Para preparar este juego ponga del 1 al 10 en diez tarjetas. En otras cinco tarjetas dibuje en cada tarjeta uno de los siguientes dibujos: círculo, rectángulo, triángulo, óvalo, y un cuadrado. Infle un globo y hágale un nudo.

Coloque las tarjetas boca abajo en el suelo, en montones separados: los números en un montón y las figuras en otro. Pida que los niños se acerquen como grupo. Déle el globo a un niño y pídale que voltee una tarjeta de cada grupo.

Entonces el niño debe decir en voz alta el número y el nombre de la figura, y lanzar el globo al aire. Los niños deben mantenerlo rebotando en el aire y sin que caiga al suelo, hasta que lo hayan hecho rebotar el número de veces que señaló la tarjeta, y mientras dicen en voz alta cosas de la forma de la figura de la tarjeta descubierta. Ningún niño puede darle al globo dos veces seguidas.

Por ejemplo: si el número que aparece en la tarjeta es el cuatro y la figura es un círculo, el primer niño tendrá que pegarle al globo y decir algo que tiene la forma de un círculo, tal como una rueda. Un segundo niño le dará al globo y dirá "globo." Un tercer niño le pegará al globo y dirá "pelota." El cuarto le dará al globo y dirá "plato." Si a algún niño no se le ocurre nada para mencionar, deje que otros digan el nombre del objeto. Si el globo cae al suelo, comience de nuevo.

El último niño en pegarle al globo volteará otras dos tarjetas para comenzar el juego nuevamente.

Título: **Carrera de relevos con galletas**
Mejor para: **Tercero y cuarto grados**
Nivel de movimiento: **Alto**

Materiales: Cinta adhesiva de pintor (o tiza), bandeja para hornear galletas, cartulina de color, tijeras, espátulas, galletas y ornamentos de navidad.

De la cartulina o cartón de color recorte figuras en forma de galletas, y póngalas en la bandeja de hornear.

Forme dos equipos. Con la cinta adhesiva (o con la tiza) marque en el suelo una línea en donde comenzará y terminará la carrera de relevos. Haga que los equipos se coloquen detrás de esa línea.

Al otro lado del salón coloque la bandeja con las galletas de papel.

Déle una espátula al primer niño de cada equipo. Este debe correr hasta la bandeja y tomar una galleta con la espátula, sin usar la otra mano, y regresar al punto de partida con la galleta sobre la espátula, sin que se le caiga. Tampoco puede tocarla con ninguna parte del cuerpo. Si la galleta se cae tiene que llevarla de nuevo a la bandeja y comenzar de nuevo.

Al llegar al punto de partida debe entregarle la espátula al siguiente niño o niña en la fila para que repita el proceso.

Después del juego, reparta las verdaderas galletas. Si lo desea y le es posible, permita que los niños las decoren. Después pueden disfrutar de sus creaciones.

Título: **Palmadas rítmicas**
Mejor para: **Tercero y cuarto grados**
Nivel de movimiento: **Moderado**
Materiales: **Ninguno.**

Los niños de tercero y cuarto grados disfrutan y pueden dominar juegos rítmicos como este, e incluso les gusta añadir sus propios movimientos. Necesitará un número impar de niños, con un mínimo de cinco.

Fórmelos en dos filas, y colóquelos frente a frente, de modo que cada persona tenga una pareja. El que queda sin pareja es el primer líder, y se coloca a la cabeza de ambas filas.

Dirija a los niños la primera vez. Diga en voz alta los movimientos para establecer el ritmo y ayudarlos a recordar lo que viene después.

Entre las parejas deben das palmadas siguiendo este patrón:

1. Dos palmadas con tus propias manos.

2. Dos palmadas en las manos de tu compañero.

3. Una palmada con tus propias manos. Luego con tu mano derecha da una palmada en la mano derecha de tu compañero.

4. Una palmada con tus propias manos. Luego con tu izquierda da una palmada en la izquierda de tu compañero.

Luego pida que el líder del grupo añada un movimiento rítmico de dos tiempos, tal como golpear el piso con el pie derecho y luego el izquierdo. Todos deben imitar lo que haga el líder.

Entonces el líder debe pasar a ocupar el lugar de la primera persona en la fila a su derecha, y todos se mueven un lugar en sentido de las manecillas del reloj. La persona en el último lugar en la fila a la derecha pasa a ocupar el último lugar en la fila a la izquierda, y la persona que estaba a la cabeza de la fila a la izquierda llega a ser el nuevo líder.

Repita el proceso añadiendo el nuevo movimiento rítmico. Cada nuevo líder tiene que añadir un nuevo movimiento de dos tiempos.

10

Título: **Cruzando el Mar Rojo**
Mejor para: **Primero a tercer grados**
Nivel de movimiento: **Alto**
Materiales: Cinta adhesiva, papel periódico (pliegos grandes), marcador, una Biblia, leche y galletas de miel.

Coloque en el suelo hojas de papel periódico y fíjelas con cinta adhesiva. Haga el "mar" lo más grande que le permita el salón (En algunos casos todo lo que tendrá que hacer es usar tiza para marcar en el piso las "orillas" del mar). En el papel (o en el suelo) dibuje cuatro o cinco figuras de rocas en diferentes áreas, pero asegurándose de que toda persona tenga que pisar por lo menos en un par de ellas para poder cruzar el mar. En cada roca escriba las siguientes instrucciones: "salta en un pie," "da tres vueltas," "regresa al comienzo, "ladra como un perro" y "quítate un zapato."

Relate la historia de cómo el Mar Rojo se dividió para que los israelitas cruzaran cuando huían del faraón y sus soldados (Éxodo 14).

Diga: **Este papel** (o estas líneas) **representa el Mar Rojo, y debemos huir del faraón. Pero al igual que los ríos tienen piedras, hay algunos obstáculos en el camino para llegar a la tierra que fluye leche y miel que Dios nos ha prometido. Si pisas en una roca, tienes que hacer lo que allí está escrito.**

Cuando todos los niños hayan llegado al otro lado del Mar Rojo, recompénselos con la leche y las galletas.

11

Título: **Sígueme**
Mejor para: **Preescolares**
Nivel de movimiento: **Alto**
Materiales: Tiras de tela y una linterna de mano.

Dirija a los niños en este divertido juego para que aprendan más acerca de Dios.

Diga: **La Biblia dice que Dios es luz y que quiere que lo sigamos.**

Forme parejas. Pídales que se pongan de pie uno junto al otro y amárreles dos piernas usando las tiras de tela, de modo que queden con "tres piernas." Haga a un lado todo objeto que pueda hacerlos tropezar y apague las luces, de manera que el salón quede lo más oscuro posible.

Cada pareja debe seguir la luz de la linterna mientras usted alumbra el piso.

Luego de jugar un rato pida que los niños se sienten en el suelo, formando un círculo. Pregunte: **¿Cómo se ayudaron para poder seguir la luz? ¿Cómo se pueden ayudar unos a otros para seguir a Dios?**

Diga: **Podemos ayudarnos unos a otros a seguir a Dios orando unos por otros y yendo juntos a la iglesia. Oremos y pidámosle a Dios que nos ayude para poder seguirlo.**

Concluya con oración.

12 Título: **Círculo de amistad**
Mejor para: **Jardín de infantes a tercer grado**
Nivel de movimiento: **Moderado**

Materiales: Cuerda, alambre o cualquier material para hacer un círculo en el piso, dos envases grandes, tiras de papel y un marcador.

Este juego estimulará la autoestima en sus niños.

Escriba en cada tira de papel el nombre de uno de los niños, y póngalas en uno de los envases. Con cuerda o alambre (tiza, ladrillos o lo que sea) haga un círculo en el centro del salón, como de un metro de diámetro. Ponga cerca el envase vacío.

Escoja un niño para que saque una tira del envase. Lea el nombre escrito, y ponga la tira en el segundo envase. El niño que sacó la tira debe entrar al "círculo de la amistad," e invitar al niño cuyo nombre estaba en la tira que sacó para que se le una en círculo de la amistad. Cuando ambos estén dentro, el primer niño debe decir tres cosas o razones por las cuales piensa que el segundo niño es un buen amigo. Entonces, el primero sale del círculo y el segundo saca otra tira del primer envase.

El proceso continúa hasta que cada niño haya estado dentro del círculo de la amistad. Debe haber siempre dos niños en el círculo de la amistad.

Una variación de este juego es que el maestro se ponga dentro del círculo, saque una tira, y que el niño o niña cuyo nombre aparece allí venga al círculo y diga tres regalos que Jesús le ha dado. Continúe el juego hasta que todos hayan sido llamados.

13 *Título:* **Los bananos**
Mejor para: **Cuarto a sexto grados**
Nivel de movimiento: **Alto**
Materiales: Plátanos (guineos, bananas).

Forme dos equipos y pídales que se coloquen en hilera. Déle un plátano al niño o niña que está a la cabeza de cada hilera.

Al dar la señal para empezar la persona que tiene el plátano debe pasarlo por entre sus piernas a la persona que tiene detrás, y así sucesivamente. Cuando el plátano llega a la última persona en la fila, esa persona debe correr al frente y empezar de nuevo a pasar el plátano. El juego termina cuando la persona que estaba a la cabeza de la fila al comenzar el juego vuelve a estar a la cabeza de su fila. El primer equipo que termina es el que gana.

Al final del juego el plátano tal vez estará aplastado ¡pero a los niños les encanta hacer estas cosas!

Luego haga que los niños se sienten en el suelo formando un círculo, y pregunte: **¿Para qué creó Dios los plátanos? ¿Qué sucede cuando usamos el plátano para algo para lo cual no fue creado? ¿Por qué creó Dios nuestros cuerpos? ¿Qué sucede si usamos nuestro cuerpo en maneras para las cuales no fue creado? ¿Cuáles son algunas cosas negativas que pueden hacer daño a nuestros cuerpos?**

Algunas respuestas posibles son: comer alimentos chatarra, usar drogas, fumar, tomar alcohol, etc.

Luego de la conversación concluya con una oración dándole gracias a Dios por nuestros cuerpos saludables.

14 *Título:* **Hula-hula**
Mejor para: **Jardín de infantes a sexto grado**
Nivel de movimiento: **Alto**
Materiales: Una hula-hula (aro de plástico; puede usar una circunferencia de alambre eléctrico grueso) por cada cinco jugadores.

Escoja un niño para que sea "el que quema" y póngalo dentro de la hula-hula. Cuatro niños estarán en la parte de afuera sosteniendo la hula-hula con una mano y alternando las manos. El que quema tratará de tocar la mano de otro jugador mientras éste sostiene el aro. Los de fuera deben tratar de evitar que los "quemen."

El juego termina en el momento en que la rueda caiga al suelo. Cualquier niño que sea tocado por el que quema debe pasar a tomar su lugar, y el juego empieza de nuevo.

Una variación del juego es vendar los ojos de la persona que está en el medio del círculo, y pedir que los jugadores se muevan en sentido de las manecillas del reloj mientras sostienen el aro.

15

Título: **Plastilina humana**
Mejor para: **Jardín de infantes a segundo grado**
Nivel de movimiento: **Moderado**
Materiales: Ninguno.

Diga a los niños que van a jugar con un tipo diferente de plastilina.

Haga que los niños se junten como si fuesen una gran masa de plastilina. Entonces pida que dos niños salgan de la masa. Ellos deben esculpir algo con la "plastilina," moviendo y empujando suavemente a las personas para formar el objeto que han decidido esculpir; por ejemplo: un árbol, una taza, una casa, o la figura de algún animal.

Cuando la escultura quede terminada, seleccione otro par de "artistas." Los dos primeros deben pasar a formar parte de la plastilina humana. Continúe este proceso hasta que todos hayan tenido la oportunidad de hacer una escultura humana.

16

Título: **Excursión imaginaria**
Mejor para: **Preescolares**
Nivel de movimiento: **Alto**
Materiales: Ninguno.

Lleve a los niños a una excursión . . . incluso cuando no puedan salir del salón.

Escoja un lugar a donde ir de excursión, por ejemplo, una playa. Pregunte: **¿Quieren ir a la playa?** Los niños responderán y usted les dirá: **¡Bien, entonces vamos!**

Los niños deben permanecer sentados. Indíqueles que simulen caminar, haciendo sonar una palmada en sus rodillas, alternadamente. Mientras "caminan," mencione las cosas que uno vería en una excursión a la playa. Pida que los niños repitan lo que usted dice. Por ejemplo, diga: **"Veo un columpio."** Pida que los niños lo repitan. Diga luego: **"¡Vamos a jugar allí!"** Los niños repiten. Luego deben simulan jugar en los columpios.

Continúe "caminando" e imitando los movimientos de las cosas que los niños "verían" o "harían" en el camino, como por ejemplo montar en un triciclo, hacer un hueco en la arena, o comerse un cono de helado (nieve).

Al llegar a la playa, hágales "nadar." En el camino de regreso hágales repetir todo lo que hicieron camino a la playa, pero esta vez con mayor rapidez.

También puede usar este juego para contar una historia bíblica, como la de Daniel en el foso de los leones.

17

Título: **Escalera humana**
Mejor para: **Tercero a sexto grados**
Nivel de movimiento: **Alto**
Materiales: Tiza de color, un árbol grande, voluntarios adultos y una Biblia.

Este juego resulta mejor cuando se juega puertas afuera, pero se lo puede jugar puertas adentro, usando una pared en lugar de un árbol. Se lo puede jugar por equipos o como grupo entero.

Pida que los niños formen una escalera humana con sus cuerpos. La meta es ver cuán alta pueden hacer su escalera humana. Una vez que hayan alcanzado lo más alto que puedan, el niño en la parte superior de la escalera marcará el árbol o la pared con la tiza.

Luego de que hayan puesto su primera marca dígales que se sienten y planeen un segundo intento. Déles varias oportunidades para que intenten ir cada vez más alto. Los adultos deben vigilar con cuidado, tanto para observar el punto en donde ponen la marca, como para evitar que algún niño se caiga o se lastime.

Después lea en voz alta Génesis 11:1-9. Luego pregunte: **¿Cómo se sintieron cuando estaban construyendo su escalera? ¿Cómo piensan que se sentía la gente de Babel cuando estaban construyendo su torre? ¿Cuáles cosas son similares entre nuestra escalera y la torre** de Babel? ¿Cuáles son las diferencias? ¿Por qué le disgustó tanto a Dios la torre de Babel? ¿Piensan que Dios se complació con nuestra escalera? Expliquen. ¿Por qué piensan que a Dios le interesan las razones por las cuales hacemos las cosas?

18

Título: **Línea ondulante**
Mejor para: **Tercero a sexto grados**
Nivel de movimiento: **Alto**
Materiales: Cinta adhesiva de pintor o cuerda estirada, o tiza, o sencillamente una raya en el suelo.

Para este juego se necesita mucho espacio. Forme varios equipos de no más de ocho personas cada uno. Haga en el piso dos líneas paralelas (use la cinta adhesiva, la cuerda estirada y sujeta con dos objetos pesados, o trace una raya en el suelo) separadas como unos tres metros la una de la otra. Cada equipo debe colocarse sobre la línea, todos mirando en la misma dirección, y deben entrelazar sus brazos.

Diga: **Esta carrera se llama "La línea ondulante." Se trata de ser el primer equipo en llegar hasta la meta señalada, y luego regresar al punto de partida. Pero hay reglas especiales: La persona que se halla en el primer lugar en la fila debe mantenerse fija en su lugar, sin caminar. Solo puede girar. El resto del equipo debe moverse como péndulo hacia la izquierda o hacia la derecha, sin soltarse los brazos, hasta que lleguen nuevamente a estar sobre la línea en el piso. Entonces la última persona se convierte en la primera, y tiene que quedarse quieta en su lugar mientras los demás vuelven a moverse. El equipo parecerá un portón girando. Continúen este proceso hasta llegar a la meta señalada. Luego tienen que hacer lo mismo para el recorrido de regreso.**

Dé un aplauso al equipo ganador. Luego juegue de nuevo; esta vez contra reloj. Anime a los niños a que lo hagan más rápido cada vez.

19

Título: **Monedas perdidas**
Mejor para: **Jardín de infantes a sexto grado**
Nivel de movimiento: **Alto**
Materiales: Paja (heno), centavos y una Biblia.

De antemano, riegue la paja sobre el suelo (si utiliza este juego dentro del salón, ponga la paja sobre una lona o plástico grande). Si no puede conseguir paja, use papel desmenuzado o algo similar. Ponga varias monedas entre la paja.

Cuando lleguen los niños indíqueles que deben buscar en la paja las monedas perdidas. Cuando un niño encuentre una moneda haga que todos aplaudan el hallazgo.

Cuando hayan encontrado todas las monedas (o cuando note que los niños se cansan del juego) lea la parábola de la moneda perdida que se encuentra en Lucas 15:8-10 (Use la Versión Popular). Pida a los niños que comparen con la historia de la Biblia lo que experimentaron y sintieron cuando estaban buscando las monedas.

20

Título: **Letreros de mi nombre**
Mejor para: **Jardín de infantes a segundo grado**
Nivel de movimiento: **Bajo**
Materiales: Palitos planos de helado (nieve) o bajalengüas (tablitas de madera que usan los médicos para examinar la garganta), cinta adhesiva y marcadores.

Déle a cada niño seis palitos. Indíqueles que deben colocarlos juntos sobre la mesa, con los lados tocándose. Fíjelos con cinta adhesiva en los extremos, para se muevan.

Indíqueles que deben tomar un marcador, por turno, y escribir sus nombres en los palitos. Luego deben añadir otros adornos y dibujos, para asegurarse de que haya algo escrito o dibujado en cada palito.

Cuando hayan terminado, pídales que quiten la cinta adhesiva y mezclen los palitos. Luego deben tratar de poner de nuevo en orden para poder leer sus nombres. Luego pueden canjear sus palitos con los de otro compañero, y tratar de formar esos nombres.

Esta es una buena actividad para clases nuevas, de manera que se puedan conocer mejor unos a otros.

21

Título: **Los mejores lugares**
Mejor para: **Cuarto a sexto grados**
Nivel de movimiento: **Alto**
Materiales: Un dado y una Biblia.

Este juego está diseñado para motivar a los niños a poner a otros antes de sí mismos.

Necesitará un dado. Para cada grupo coloque seis sillas en una línea recta, todas mirando en la misma dirección. No importa si tiene menos de seis niños en una línea.

Pida que tomen asiento. Luego pida que los niños numeren las sillas del 1 al 6.

Lance el dado y diga cuál número salió (si sale un seis, lance de nuevo el dado). El niño que está sentado en la silla que tiene ese número debe pedirle a la persona que está sentada en la silla con un número más alto que cambie de asiento. La persona que está en la silla del número más alto no tiene que cambiar si no quiere hacerlo, pero la meta del juego es estar sentado en la silla del número más bajo al acabarse el juego. (Sugerencia: Mientras más rápido lance el dado, más rápido será el movimiento de los niños mientras tratan de lograr sentarse en la silla con número más bajo.)

Juegue tres minutos en cada ronda. Al final de cada ronda identifique a la persona que está sentada en la silla del número menor, en cada grupo.

Luego del juego lea en voz alta Filipenses 2:3-5 y dialogue sobre cómo se sintieron los niños al tratar de poner a otros antes de sí mismos. Converse sobre algunas situaciones de la vida real en que se requiere poner a otros antes que uno mismo.

22 *Título:* **Camino a Damasco**
Mejor para: **Jardín de infantes a sexto grado**
Nivel de movimiento: **Bajo**
Materiales: Una Biblia.

Este es un juego sencillo que ayudará a los niños a conocerse mejor los unos a los otros.

Forme un círculo. Lea Hechos 9:1-22 en voz alta. Explique que así como Saulo estaba de camino, ellos también están de camino para conocer a Jesús. Pero antes de emprender el viaje tienen que empacar sus maletas (valijas) y conocer a sus compañeros de viaje.

Pida que cada niño piense en un objeto que represente un talento o interés que tengan. Por ejemplo, si a alguien le gusta jugar fútbol, podría "empacar" sus zapatos de fútbol.

Diga: **Estamos en camino a Damasco. Yo soy** (nombre), **y he traído mi** (objeto seleccionado).

Indique al niño a su izquierda que debe repetir la frase, el nombre y el objeto que usted ha dicho, y añadir su propio nombre y el objeto que seleccionó. Esto continuará siguiendo en dirección de las manecillas del reloj. Con cada nueva persona la lista se hará más larga, y los niños tendrán que esforzarse y concentrarse para poder recordar los nombres e intereses de los demás.

Su lista puede resultar algo parecido a esta: "Estamos en camino a Damasco. Alicia trajo su Biblia. Andrés trajo sus zapatos de fútbol. Juan trajo su libro de aritmética. Yo traje mis pinceles." Si alguien tiene dificultad en recordar, los demás pueden ayudarle.

El juego termina cuando la última persona menciona todos los nombres y todos los objetos.

Recuerde a los niños que la vida cristiana es emocionante. Diga: **Dios nos hará cada vez más como Jesús, y nos mostrará cómo usar nuestros talentos e intereses para servirle mejor.**

23 *Título:* **Pedro, Juan y Santiago en su barco**
Mejor para: **Jardín de infantes a sexto grado**
Nivel de movimiento: **Alto**
Materiales: Una Biblia.

Escoja un jugador quien sea "el viento." Forme equipos de tres personas. Cada equipo tiene a Pedro, a Juan y a Santiago en un "barco de vela". Los miembros de los equipos formarán el barco, colocándose de pie uno detrás del otro y sujetando con las manos y por la cintura a la persona que tienen delante. Los "barcos" pueden navegar por todos lados, pero no pueden separarse. El viento debe perseguir a los barcos. Si el "viento" se pega a un "barco," al lograr sujetarse por la cintura a la persona que está al último, todo el barco zozobra. Ahora todos los cuatro jugadores persiguen por su cuenta separadamente a los otros equipos, tratando de hacerlos zozobrar. A medida que alcanzan a los barcos y hay más jugadores que deben separarse, estos pueden formar nuevos barcos, pero no con las mismas personas con quienes estaban anteriormente.

Con grupos más pequeños puede hacer barcos de sólo dos niños. También en este caso, si el viento alcanza el bote, el niño del frente del bote se convierte en "viento."

Concluya el juego leyendo en voz alta Marcos 8:35-41, cuando Jesús calma la tempestad.

24

Título: **Olla de presión**
Mejor para: **Quinto y sexto grados**
Nivel de movimiento: **Alto**

Materiales: Una Biblia, papel periódico y marcador (o pizarrón y tiza), y una soga.

Antes de que los niños lleguen escriba las palabras de 1 Corintios 15:33 en una hoja de papel periódico y colóquelo en un lugar donde no lo puedan ver (o escriba el pasaje bíblico en el pizarrón y cúbralo con papel o periódicos).

Pida que los niños se pongan de pie formando un círculo. Dentro del círculo use la soga (cuerda) para hacer un círculo más pequeño, dejando como un paso de distancia entre la soga y los niños.

Diga a los niños que este juego les mostrará qué fácil es dejarse desviar y atrapar por el pecado cuando estamos en malas compañías. Explique que el círculo de la soga representa el pecado. Durante el juego los niños tratarán de hacer que los amigos "caigan" dentro del área que representa el pecado.

Pida que se tomen de las manos. Al dar la señal para empezar los niños deben halar y tirar en todas direcciones, tratando de obligar a los otros a que entren en el círculo del pecado. Cualquiera que toque la soga o pisa dentro del círculo, sale del juego. El que suelte la mano de los compañeros durante el forcejeo también queda eliminado.

A medida que se van eliminando jugadores los que quedan se vuelven a tomar de las manos y lo intentan de nuevo. Haga más pequeño el círculo de la soga, conforme sea necesario. La última persona que queda fuera del círculo es la que habrá vencido al pecado.

El vencedor leerá en voz alta el pasaje bíblico que está en el papel (o quitará el papel que cubre el pasaje bíblico escrito en el pizarrón y lo leerá).

25

Título: **La lluvia**
Mejor para: **Jardín de infantes a tercer grado**
Nivel de movimiento: **Moderado**

Materiales: Pelotas.

Forme dos filas, una frente a la otra. En cada fila los niños se pondrán separados a distancia de un brazo. Indíqueles que en este juego van a hacer llover. Explique que cada vez que una pelota rebota representa una gota de lluvia.

Déle al primer niño en la línea una pelota que rebote con facilidad, como por ejemplo una de voleibol o fútbol. El niño caminará por entre las filas haciendo rebotar la pelota, hasta llegar hasta el otro extremo. Entonces le entregará la pelota a la persona que está al final de la línea opuesta. El que la recibe correrá por detrás de los demás en su fila y se colocará al comienzo de la misma. Luego hará rebotar la pelota mientras camina entre las líneas, hasta el final y luego debe darle la pelota a la persona que esté al final de la línea opuesta.

Déle otra pelota al niño que está al comienzo de la otra línea. Indíquele que debe caminar haciendo rebotar la pelota, por entre las líneas, hasta entregarla a la persona al final de la fila. Repita esto hasta que la mitad de los niños tengan una pelota. Por ejemplo, si tiene ocho niños, ponga en juego no más de cuatro pelotas a la vez.

Para una variación de este juego, haga que los niños formen un círculo y lancen la pelota unos a otros, haciéndola rebotar en el piso.

26 Título: **Tarjetas y costura**
Mejor para: **Preescolares**
Nivel de movimiento: **Bajo**

Materiales: Cajas de cereal vacías, tijeras, lápices de colores, libros para colorear, pegamento, una perforadora de papel, lana o estambre.

Antes de comenzar la clase abra completamente las cajas vacías de cereal para usarlas como base para las tarjetas.

En la clase pida que los niños pinten un cuadro seleccionado de los libros para colorear. ¡Si tiene libros para colorear con ilustraciones bíblicas, mejor aún!

Pegue los dibujos coloreados sobre el cartón de las cajas que había abierto con anterioridad. Corte el cartón de las cajas para que sea del tamaño de los dibujos. Alrededor del dibujo haga agujeros separados como cuatro dedos uno del otro.

Déle a cada niño un metro de lana o estambre y ayúdelos para que hagan un nudo en uno de los extremos de la lana. Luego dígales que deben "coser" la tarjeta, pasando la lana por los agujeros uno tras otro.

Los niños se divertirán grandemente al pasar el hilo por los agujeros en las tarjetas que han hecho.

27

Título: **Carrera de relevos**
Mejor para: **Tercero a sexto grados**
Nivel de movimiento: **Alto**
Materiales: Papel blanco y de color, hecho bolas.

Forme dos equipos y pídales que se coloquen en filas paralelas a distancia de un brazo entre los jugadores de una misma hilera.

Déle a la persona que esté a la cabeza de cada fila un bola de papel blanco. A la persona que está al final de cada línea déle una bola de papel de diferente color.

Cuando se dé la señal para empezar la primera persona le pasará la bola por debajo de sus piernas a la persona que tiene atrás. A su vez la última persona en la línea le pasará la bola de color por encima de la cabeza a la persona que tiene delante. Esto debe continuar hasta que las bolas de papel hayan retornado a sus posiciones originales.

28

Título: **Buscando la oveja**
Mejor para: **Jardín de infantes a segundo grado**
Nivel de movimiento: **Moderado**
Materiales: Ninguno.

Realice este juego en un lugar con muebles, tal como un salón de clase o una sala. Designe una esquina como el redil. Seleccione dos pastores. Los demás niños serán las ovejas y deben recorrer gateando (con pies y manos). Cuente las ovejas antes de comenzar el juego.

Anuncie que los pastores están tomando una siesta. Diga a los pastores que cierren sus ojos y cuenten hasta 25. Mientras cuentan, las ovejas deben esconderse debajo de las sillas y las mesas. Cuando los pastores despierten, uno saldrá a buscar las ovejas y el otro se quedará cerca del redil para contar las que regresan.

Puede variar este juego apagando las luces y cerrando las cortinas para hacer el cuarto más oscuro.

29

Título: **Pastores y ovejas**
Mejor para: **Jardín de infantes a sexto grado**
Nivel de movimiento: **Alto**
Materiales: Ninguno.

Forme dos equipos. Pida que formen dos filas paralelas, frente a frente, en el centro del salón. Designe a uno de los equipos como pastores y el otro como ovejas.

Dígales que la pared que queda detrás de cada equipo es el redil, o lugar de seguridad. Cuando el líder dice "ovejas," las ovejas deben correr para tocar a los pastores antes de que estos puedan llegar a la pared que está detrás de ellos. El que llega a la pared está seguro. Cuando el líder dice "pastores," entonces los pastores persiguen a las ovejas.

El que sea tocado antes de llegar a la pared tiene que unirse al equipo contrario. El juego continúa hasta que todas las ovejas sean pastores o viceversa.

30

Título: **Mellizos**
Mejor para: **Tercero a sexto grados**
Nivel de movimiento: **Alto**
Materiales: Tubos neumáticos (cámaras de aire) inflados.

Forme parejas. Si no tiene número par de niños, haga que alguien sirva de pareja para otros dos niños. Coloque a las parejas en tres filas. La primera pareja en cada fila debe colocarse dentro de un tubo neumático y subirlo hasta la cintura.

Realice la carrera por vueltas o turnos. Tres parejas correrán en cada turno o vuelta.

A la señal de "ya" las parejas deben correr hasta un punto señalado, y luego regresar a su sitio. Entonces deben entregarle el tubo a la pareja que sigue en su propia fila o equipo, la cual repetirá el proceso. Continúe hasta que todos hayan participado.

En la segunda vuelta permita que solo los ganadores de la primera vuelta participen. Continúe hasta que quede solo una pareja como campeona.

31

Título: **Recuerdo del viajero espacial**
Mejor para: **Quinto y sexto grados**
Nivel de movimiento: **Bajo**
Materiales: Objetos misceláneos y una bandeja o tazón.

Ponga en una bandeja diversos objetos comunes y fáciles de encontrar. Tenga más objetos que el número de niños que participan en el juego. Los objetos pueden ser cosas como: una presilla para papel, un lápiz de color, un abridor de latas, una tapa, un cortaúñas, una galleta, una flor plástica, etc.

Pida que los niños se sienten en el suelo, formando un círculo. Dígales que deben imaginarse que son un grupo de astronautas, y que acaban de regresar a su mundo luego de un viaje al lejano planeta Tierra. Mientras estaban en ese extraño planeta llamado Tierra, cada uno descubrió un objeto que los terrícolas usan. Pero puesto que nunca lograron ver o hablar con algún terrícola, cada uno tiene que inventarse un nombre para el objeto, y explicar cómo y para qué lo usan los terrícolas. Indíqueles que no sirve decir el verdadero nombre ni explicar el verdadero uso del objeto seleccionado. Por ejemplo, un niño puede tomar de la bandeja un lápiz de color y decir: "Soy un astronauta muy importante y me llamo (su propio nombre). Encontré y he traído este *latepuz* (o cualquier nombre que se invente). Me parece que los terrícolas usan un latepuz en sus ceremonias religiosas para pintarse las uñas."

Empiece usted, diciendo su propio nombre. Tome un objeto, diga el nombre inventado y la explicación. Luego continué por el círculo, por turno. Cada niño debe decir su propio su nombre y dar el nombre y descripción del objeto que tome de la bandeja. Conceda suficiente tiempo para las risas.

32

Título: **Persiguiendo a Goliat**
Mejor para: **Jardín de infantes a sexto grado**
Nivel de movimiento: **Alto**
Materiales: Vendas para los ojos.

Forme parejas. Cada pareja jugará, por turno. Vende los ojos de la primera pareja y colóquelos junto a la mesa, en lados opuestos de ella. Retire todas las sillas del área de juego.

Indique quién será Goliat y quién David.

Diga: **La tarea de Goliat es mantenerse lejos de David. La tarea de David es atrapar a Goliat. No pueden despegarse de la mesa, pero pueden intentar engañar a la otra persona dando señales falsas.**

Los niños que observan el juego se divertirán en grande. Dígales que no deben dar ninguna ayuda, ni ninguna indicación. Cuando David atrapa a Goliat (o cuando hayan pasado un par de minutos), permita que juegue otra pareja.

33 *Título:* **El emparedado**
Mejor para: **Preescolares**
Nivel de movimiento: **Moderado**
Materiales: Ninguno.

¡Reúna a sus preescolares para un gran abrazo de grupo con este juego!

Póngale a cada niño el nombre de un ingrediente para el emparedado, como por ejemplo: queso, pepinillos, mostaza, lechuga, pan, mortadela, jamón, incurtidos, etc. Entonces prepare el emparedado empezando por los ingredientes que van al centro. Cuando usted menciona algún ingrediente, los niños que tienen ese nombre deben pasar al centro del salón y abrazar a los demás niños cuyos ingredientes ya han sido nombrados y están en el centro.

Una variación divertida es permitir que los niños escojan por sí mismos los ingredientes que desean ser. No olvide que usted también puede ser el jamón de cuando en cuando.

34 *Título:* **El pavo agradecido**
Mejor para: **Preescolares**
Nivel de movimiento: **Moderado**
Materiales: Cartulina y marcador (o pizarrón y tiza), cinta adhesiva, tijeras, lápices de colores, una venda y emparedados (mejor si son de pavo).

Este es un juego muy apropiado para el día de acción de gracias, en los países en donde se lo celebra.

Antes de la clase dibuje sobre la cartulina un gran pavo sin plumas en su rabo y péguelo en la pared (puede dibujarlo en el pizarrón). En cartulina o papel recorte plumas de la cola del pavo; una para cada niño. Distribuya las plumas de la cola. Cada niño debe dibujar en su pluma un dibujo que represente una cosa por la que está agradecido. Pida luego que muestren sus dibujos y expliquen lo que significan.

Forme a los niños en una fila frente al pavo que dibujó. Déle un pedazo de cinta adhesiva al niño que está a la cabeza de la fila, véndele los ojos y hágale dar tres vueltas. Entonces el niño debe tratar de ponerle la cola al pavo. Repita luego el procedimiento con todos los demás niños, uno a la vez. Después de que cada niño haya tenido la oportunidad de colocarle su pluma al dibujo, reparta los emparedados, y eleve una oración de gracias a Dios por todo lo que Él ha hecho por ellos.

35

Título: **¡Agua, agua!**
Mejor para: **Jardín de infantes a sexto grado**
Nivel de movimiento: **Moderado**

Materiales: Un radio (o una grabadora y una cinta de música grabada), un envase grande lleno de agua, una taza de plástico. Cada niño debe traer una muda de ropa.

¡Esta es una buena actividad para un día caluroso! ¡Los niños se refrescarán y se divertirán!

Lleve a los niños afuera y hágales sentarse formando un círculo. Escoja uno para que sea el que empieza. Este niño o niña debe tomar en la taza cuánta agua quiera, poca o mucha. Los demás niños deben cerrar sus ojos.

Encienda el radio en alguna estación musical apropiada (o use la grabadora), e indique que el que tiene la taza debe caminar en silencio alrededor del círculo. Cuando la música se detenga debe echarle el agua al niño o niña que esté más cerca. Entonces al que fue mojado le toca el turno de llenar la taza y caminar.

Cómo líder del grupo usted puede controlar la duración del juego y asegurarse de que todos tienen la oportunidad de participar. Apague la música en el momento apropiado para que a cada niño le toque el turno de ser mojado.

A los niños les fascina mojarse y echarse agua, y resulta refrescante, especialmente si el día es muy caluroso o han estado afuera durante mucho tiempo. También les gusta el suspenso que se crea cuando abren sus ojos para ver quién acaba de ser mojado.

36

Título: **¿Qué es esto?**

Mejor para: **Preescolares**

Nivel de movimiento: **Bajo**

Materiales: Revistas viejas, tijeras, cinta adhesiva o pegamento y cartulina.

De cartulina o cartón recorte rectángulos del mismo tamaño. De las revistas recorte cuadros de cosas que producen ruido o sonidos. Asegúrese de que todos los objetos sean de la misma clase; tales como todos animales o todos instrumentos musicales. Pegue los cuadros en los rectángulos de cartulina o cartón, y luego póngalos formando un montón, con la cara hacia abajo.

Haga que los niños se sienten formando un círculo alrededor de la pila de tarjetas. Por turno cada uno de ellos debe escoger una tarjeta y entregársela a usted.

Si la tarjeta tiene el cuadro de un caballo, pregunte: **¿Qué es esto?** Entonces los niños deben decir juntos: "Eso es un caballo. El caballo dice . . . ."

Los niños deben responder con el sonido apropiado para cada tarjeta. Continúe hasta que cada niño haya tenido la oportunidad de escoger una.

Si desea puede hacer este juego más elaborado cortando un círculo grande de cartón, y pegando en el borde los cuadros. Recorte también un puntero en forma de flecha o de manecilla de reloj, y fíjela al centro del círculo con un clavo, como si fuera ruleta. Los niños deberán dar la vuelta a la flecha en lugar de tomar una tarjeta.

37

Título: **¿Dónde viven los animales de Dios?**

Mejor para: **Jardín de infantes a segundo grado**

Nivel de movimiento: **Alto**

Materiales: Cuadros o dibujos de viviendas de animales.

Antes de que lleguen los niños escriba en los cuadros el nombre de los lugares donde los animales: selva, desierto, bosque, océano. Coloque un dibujo en cada pared, o en cuatro sillas que formen un gran cuadrado.

Haga que los niños se coloquen en el centro del salón o de las sillas. Diga en voz alta el nombre de la vivienda de un animal: selva, desierto, bosque u océano. Los niños deben correr hacia la pared o silla donde está el cuadro de esa vivienda. Diga entonces el nombre de un animal que vive en ese lugar. Los niños deben imitar a ese animal. Continúe el juego mencionando las otros viviendas y mencionando a diferentes animales que viven en esos lugares.

38 Título: ¿Quién hizo esto?
Mejor para: Preescolares
Nivel de movimiento: **Bajo**
Materiales: Ninguno.

Los niños preescolares más grandes disfrutarán este juego. Antes de comenzar converse con ellos sobre las diferentes cosas que Dios ha creado y las que ha hecho el hombre.

Entonces haga que los niños se coloquen en línea en la pared opuesta a usted, mirándolo a usted. Mencione alguna cosa y pida a los niños que decidan si Dios la hizo o las personas la hacen. Los que contesten correctamente deben dar un paso al frente. El juego termina cuando uno de los niños llega hasta donde está usted.

Después del juego pídales que se sienten formando un círculo. Concluya con oración, con cada niño, por turno, dando gracias a Dios en voz alta por algo que Él ha hecho.

39 Título: Jóvenes sabias y necias
Mejor para: Toda edad
Nivel de movimiento: **Alto**
Materiales: Una Biblia.

Escoja cinco "jóvenes sabias" y un "novio." Indique al "novio" que debe agacharse en el suelo con sus ojos cerrados. Las cinco jóvenes deben formar un círculo de bodas alrededor del novio, tomarse de la mano y levantar los brazos.

El resto de los niños son las jóvenes necias, caminando alrededor del círculo en busca de aceite. Mientras los brazos de las cinco jóvenes sabias están levantados las necias pueden buscar su aceite dentro del círculo de bodas. Pero tienen que entrar y salir del círculo constantemente.

Cuando el novio se pone de pie los brazos de las cinco jóvenes sabias caen y atrapan las necias que están dentro del círculo. Los que fueron atrapados pasan a formar parte del círculo de bodas. Continúe hasta tener diez jóvenes en el círculo de bodas.

Después lea en voz alta Mateo 25:1-13, y dialogue sobre ese pasaje bíblico.

40

Título: **Trabajando juntos**
Mejor para: **Preescolares y Jardín de infantes**
Nivel de movimiento: **Moderado**
Materiales: Ninguno.

Si los niños no la saben, enséñeles la canción: **"Y si todos traba-jamos, unidos, unidos. Y si todos trabajamos, qué gozo será."**

Escoja un jugador para que comience el juego. Los demás niños deben esconderse. El que comienza busca hasta que logre encontrar a otro niño o niña. Entonces los dos se toman de las manos, forman un círculo y cantan la canción "Y si todos trabajamos unidos." Entonces los dos buscan, cada uno por su lado, hasta encontrar a otros dos niños. Entonces los cuatro se toman de las manos, forman el círculo y cantan la canción. Continúe hasta que todos los niños sean hallados.

41

Título: **Paseando a las lombrices**
Mejor para: **Preescolares**
Nivel de movimiento: **Moderado**
Materiales: Lana y tijeras.

Llevar lombrices de mascota a recorrer el edificio de la iglesia es una manera divertida y eficaz de ayudar a los preescolares a sentirse seguros e importantes, a la vez ayudarlos a familiarizarse con el edificio.

Tome una variedad de hilo y lana (estambre) de colores, y corte pedazos de como 20 ó 30 cm de largo. Cada niño debe escoger su propia "lombriz de mascota"de entre las hebras, y ponerle nombre.

Forme a la clase en una fila, y llevando las lombrices en la mano, llévelos a dar una gira por el edificio de la iglesia. Durante la gira explique el propósito de cada salón. Conceda tiempo para que los niños "le enseñen" a sus mascotas los diferentes lugares y les repitan la expli-cación que usted les ha dado.

Llevar las lombrices de mascotas en las manos disminuye el riesgo de que toquen algo indebido, mientras que les dejan los ojos libres para observar. Usted notará que los niños recordarán muy bien lo que han observado y a la vez esto ayudará a hacerles sentir que pertenecen a la iglesia.

Otros recursos dinámicos e innovadores producidos por Editorial Acción

Por qué nadie aprende mucho de nada en la iglesia y cómo remediarlo.

Por Thom y Joani Schultz

Este libro insta a un cambio radical en la educación cristiana, muestra por qué se lo necesita, y cómo hacerlo. No se trata de curas rápidas, sino de métodos probados que enfocan en el aprendizaje, no en la enseñanza.

Serie: Escoja y seleccione

• Ideas dinámicas para el ministerio con los niños

Un recurso indispensable para maestros de Escuela Dominical y laicos. Incluye más de 150 actividades fáciles de realizar en la Escuela Dominical u otras reuniones de niños.

• Ideas dinámicas para reuniones de jóvenes

El mejor recurso disponible para los que trabajan con adolescentes y jóvenes. Más de 150 ideas creativas, incluyendo devociones breves, ideas para el diálogo activo, actividades introductorias, juegos y mucho más.

Las 13 lecciones bíblicas más importantes para jóvenes y adultos

Trece reuniones para adolescentes, jóvenes y adultos sobre los temas básicos de la fe cristiana. Incluyen planes paso a paso, hojas de ejercicios, y preguntas para estimular el diálogo activo.

Lecciones bíblicas especiales para la Escuela Dominical

Por Lois Keffer

Programas bíblicos creativos para clases de niños de 4 a 12 años, diseñados para promover el aprendizaje activo. Perfectos para iglesias pequeñas, iglesias con espacio limitado, o congregaciones que desean una variación dinámica en su programa regular de enseñanza en la Escuela Dominical.

Serie: Programas bíblicos activos

Cuatro estudios bíblicos, de cuatro semanas de duración cada uno, que estimulan a los adolescentes y jóvenes a dialogar, aprender, y explorar la Palabra de Dios. Todo lo que un maestro o líder necesita para realizar una clase con éxito: guía completa para el maestro, hojas de ejercicios, materiales de publicidad e ideas adicionales.

• El sexo: Una perspectiva cristiana
• Las películas, la música, la televisión y yo
• Las religiones falsas
• Las drogas y las bebidas alcohólicas

Disponibles en su librería cristiana local.
En los Estados Unidos y Puerto Rico llame gratuitamente al teléfono 1-800-447-1070.
Editorial Acción, Box 481, Loveland, CO 80539, EE. UU.